本書據國家圖書館藏明嘉靖十六年刻本影印

【陽明文庫】古籍整理系列

陽明先生則言

【〔明〕王守仁 著 〔明〕薛侃 〔明〕王畿 纂】

孔學堂書局

本書獲二〇二三年貴州省出版傳媒事業發展專項資金資助
本書獲貴州省孔學堂發展基金會資助
本書據國家圖書館藏明嘉靖十六年刻本影印

圖書在版編目（CIP）數據

陽明先生則言 /（明）王守仁著；（明）薛侃，（明）王畿纂.-- 貴陽：孔學堂書局，2024.4
（陽明文庫. 古籍整理系列）
ISBN 978-7-80770-494-2

Ⅰ.①陽… Ⅱ.①王… ②薛… ③王… Ⅲ.①王守仁(1472-1529)-語録Ⅳ.①B248.21

中國國家版本館CIP數據核字（2024）第003537號

阳明文庫（古籍整理系列）
陽明先生則言　〔明〕王守仁 著　〔明〕薛侃 〔明〕王畿 纂
YANGMING XIANSHENG ZEYAN

策　　劃：蘇　樺
執　　行：張發賢
責任編輯：陳　真　禹曉妍
書籍設計：曹瓊德
責任印製：張　瑩

出版發行：貴州日報當代融媒體集團
　　　　　孔學堂書局
地　　址：貴陽市烏當區大坡路26號
印　　刷：雅昌文化（集團）有限公司
開　　本：889mm×1194mm　1/16
印　　張：14.75
版　　次：2024年4月第1版
印　　次：2024年4月第1次
書　　號：ISBN 978-7-80770-494-2
定　　價：78.00元

陽明文庫

《陽明先生則言》前言

對於王陽明本人的文獻，大家耳熟能詳的是《傳習録》以及由此而有的《居夷集》《陽明先生文録》《陽明先生別録》《王文成公全書》《陽明先生集要》，對於《陽明先生則言》這部由陽明門人薛侃、王畿編輯的陽明先生『語録』則相對陌生。這裏，我們對《陽明先生則言》的編纂緣起、體例及其學術價值略作闡釋。

一、『行者易挾，遠者易得』：《則言》的編纂緣起

作爲心學家的王陽明一生並没有刻意著書傳世的想法，儘管如此，明弘治六年至正德元年（一四九三—一五〇六）宦游京師期間所成詩文爲《上國游》，『龍場悟道』後於正德三年、四年間（一五〇八—一五〇九）編撰的《五經臆説》，正德十年（一五一五）在南京編集並於正德十三年（一五一八）在贛州雩都刊刻的《朱子晚年定論》，正德十三年在贛州刊刻的《大學古本旁釋》，都是王陽明本人親自編撰的著作；而於正德十三年在贛州、嘉靖三年（一五二四）在紹興刊刻乃至在王陽明去世後屢經刊刻並最終收録在隆慶六年（一五七二）刊刻的《王文成公全書》中的通行本《傳習録》，則是徐愛、陸澄、薛侃、南大吉、陳九川、曾才漢、錢德洪等弟子門人集體編録而成；嘉靖三年刊刻的《居夷集》，也由弟子門人彙編；而集王陽明文獻之大成並於隆慶六年編刊的《王文成公全書》，也是由鄒守益、錢德洪、黄綰、歐陽德、黄弘綱、黄省曾、聞人詮（邦正）等弟子後學在嘉靖六年（一五二七）編刊的『廣德版』《陽明先生文録》、嘉靖十二年（一五三三）『黄綰本』《陽明先生文録》、嘉靖十三年（一五三四）『姑蘇本』或嘉靖十五年（一五三六）『姑蘇本』的《陽明先生文録》的基礎上繼續搜集王陽明遺文而成。

因涉及《陽明先生則言》的編輯緣起，這裏我們再對『黄綰本』《陽明先生文録》、『姑蘇本』《陽明先生文録》略作説明。

嘉靖七年（一五二八）十一月，王陽明去世。據黄綰《陽明先生存稿序》文，嘉靖十二年（一五三三）左右，王陽明文稿『僅存者唯《文録》《傳習録》《居夷集》而已，其餘或散亡及傳寫訛錯』。鑒於此種情形，黄綰『與歐陽崇一、錢洪甫、黄正之率一二子侄，檢粹而編訂之，曰《陽明先生存稿》。洪甫攜之吴中，與黄勉之重爲厘類，曰《文録》、曰《別録》，刻梓以行，庶傳之四方、垂之來世，使

有志之士知所用心，則先生之學之道爲不亡矣。』[一]

嘉靖十三年（一五三四）二月，錢德洪在黄綰《陽明先生存稿》基礎之上新編的《陽明先生文録》刻成。《陽明先生年譜・附録一》『嘉靖十四年（一五三五）乙未』條『刻先生《文録》於姑蘇』中記載：『先是洪、畿奔師喪，過玉山，檢收遺書。越六年，洪教授姑蘇，過金陵，與黄綰、聞人詮等議刻《文録》。洪作《購遺文疏》，遺諸生走江、浙、閩、廣、直隸，搜獵逸稿。至是年二月，鳩工成刻。』[二]又據錢德洪成文於『乙未年（嘉靖十四年，一五三五）正月』的《刻文録叙説》，其中有提到黄綰對裒輯《陽明先生文録》的建議：『「先生之道無精粗，隨所發言，莫非至教，故集文不必擇其可否，概以年月體類爲次，使觀者隨其所取而獲焉！」此久庵諸公之言也。』[三]錢德洪還作有《陽明先生文録序》。[四]嘉靖十五年（一五三六）三月，鄒守益爲錢德洪於前年（嘉靖十四年，一五三五）二月刻於姑蘇的《陽明先生文録》作《序》，即《陽明先生文録序》，其中有『以（鄒守）益之不類，再見（陽明先生）於虔，再别於南昌，三至於會稽，竊窺先師之道，愈簡易，愈廣大，愈切實，愈高明，望望然而莫知所止也』云云。[五]隨後，以監察御史督學南畿的陽明門人聞人詮資助刊刻了《陽明先生文録》五卷、《外集》九卷、《别録》十卷（共二十四卷），學界稱之爲『姑蘇本《陽明先生文録》』或『明嘉靖十五年姑蘇刊本』（亦有作『明嘉靖十四年聞人詮刻本』）。今北京國家圖書館、上海圖書館、臺灣省圖書館、日本東京大學東洋文化研究所等有藏。

嘉靖十六年（一五三七），由陽明門人薛侃、王畿編輯的兩卷本《陽明先生則言》編成並予刊印。應該承認，薛侃只是參與了正德十三年（一五一八）贛州本《傳習録》的編刊，並無實質性參與『廣德版』『黄綰版』『姑蘇版』《陽明先生文録》的編刊；王畿也不曾

[一] 黄綰：《陽明先生存稿序》，《黄綰集》卷十三，張宏敏編校，上海古籍出版社二〇一四年版，第二二七頁。
[二] 錢德洪：《年譜附録一》，王陽明：《王陽明全集》（新編本），吴光等編校，浙江古籍出版社二〇一〇年版，第一三四四頁。
[三] 錢德洪：《刻文録叙説》，王陽明：《王陽明全集》（新編本），吴光等編校，第二〇八七至二〇九四頁。
[四] 參見錢德洪：《陽明先生文録序》，王陽明：《王陽明全集》（新編本），吴光等編校，第二〇八三至二〇八五頁。
[五] 鄒守益：《陽明先生文録序》，《鄒守益集》，董平編校，鳳凰出版社二〇〇七年版，第三八至四〇頁。

參與王陽明上述文獻的編輯。對於《陽明先生則言》的編纂緣起，薛侃在嘉靖十六年十二月初一日所成的《序》中這樣説：『（陽明）先生之言，始録自贛，曰《傳習録》，紀其答問語也；録於廣德，曰《文録》，紀其文辭者也；録於姑蘇，益之曰《別録》，紀其政略者也。《録》既備，行者不易挾，遠者不易得，侃與汝中萃其簡切爲二帙，曰《則言》。蓋先生之教，貴知本也……嘉靖丁酉臘月朔，門人薛侃謹識。』總之，爲了解決『遠者不易得』（《傳習録》）、『行者不易挾』（《陽明先生文録》《陽明先生別録》）的困难，薛侃、王畿檢視《傳習録》《陽明先生文録》《陽明先生別録》，從中甄選出『貴知本』的陽明學綱領性的文字，即兩卷本的『行者易挾，遠者易得』的《陽明先生則言》。《陽明先生則言》可謂是《傳習録》的延伸。

今北京國家圖書館、安徽省圖書館藏有明嘉靖十六年（一五三七）刊刻的《陽明先生則言》。

二、『萃其簡切，編爲二帙』：《則言》的編輯體例

如上文所言，《陽明先生則言》對陽明『語録』『文録』『別録』的編輯原則是『簡切』，即簡要、切實；同時便於後學者儘快領悟陽明學的基本精神與核心要義。

《陽明先生則言》共分上、下兩卷，近五萬字。其中，卷上、卷下所擇取的陽明文稿是有區別的，卷上的文字均爲一句或一段，集中論述所涉陽明學的一個主題，比如『君子之學』『心即天』『立誠』『立志』『改過』『作聖之功』『體認良知』『致此良知』『知行合一』『本體功夫』『氣即是性，性即是氣』『格致誠正』『修齊治平』等，出處皆是王陽明的論學書信、序、記、説、雜著等不同文章中的一句或一段話的摘録。比如，《紫陽書院集序》《別黄宗賢歸天台序》《答季明德》《答黄宗賢應原忠》《贈鄭德夫歸省序》《別三子序》《別王純甫序》《與黄宗賢》《答舒國用》《贈林以吉歸省序》《贈郭善甫歸省序》《寄鄒謙之》《啓周道通書》《答方叔賢》《答陸原静書》《答歐陽崇一》《答聶文蔚》《答顧東橋書》《答南元善》《寄李道夫》《寄希淵》《示徐曰仁應試》《書王嘉秀請益卷》《書朱守乾卷》《書顧維賢卷》《書孟源卷》《觀德亭記》《答劉内重》《與陳惟濬》《寄諸用明》《明封刑部主事浩齋陸君墓碑志》《節庵方公墓表》《徐昌國墓志》《綏柔流賊》《論元年春王正月》《朱子晚年定論序》等等。其中每段所選出處不同的文字，其論述主

題也相對集中。比如，卷上前七段的主題就是『君子之學』『聖人之學』，第八段至第十四段文字的主題是『立志』『求爲聖人之志』，第十五段至三十一段文字的主題是『良知』『致良知』。其中，以摘録《答陸原静書》《答聶文蔚》《答顧東橋書》中的段落爲最多，這也説明通行本《傳習録》中的書信的重要性。

《陽明先生則言》卷下所選文字，不同於卷上是一段文字或一句話，均是王陽明相關文稿的數段摘録，或整體摘録。主要出處有《訓蒙大意示教讀劉伯頌等》《示弟立志説》《大學古本序》《大學問》《答羅整庵少宰書》《修道説》《博約説》《稽山書院尊經閣記》《禮記纂言序》《重修山陰縣學記》《答倫彦式》《答陸原静書》《答聶文蔚》《答南元善書》《見齋説》《諫迎佛疏》《答顧東橋書》。其中以《答顧東橋書》最後一部分中的『拔本塞源論』作爲卷下結尾，也是《陽明先生則言》的結語，這也説明『萬物一體之仁』與『聖人之學』在陽明學中的重要性與核心地位。

特別要注意的是，無論是卷上還是卷下文字，均不含對通行本《傳習録上》『徐愛録』『陸澄録』『薛侃録』的王陽明及門人弟子對話語録的摘録。而通行本《傳習録中》的八封書信則是《陽明先生則言》遴選的主體。《陽明先生則言》對《陽明先生別録》『奏疏』僅摘録《諫迎佛疏》中的文稿，對『公移』則完全不予摘録，畢竟《陽明先生則言》的編輯目的在於，使得天下士子儘快領悟陽明學的修身功夫論，把握陽明學中『心即理』『致良知』『萬物一體之仁』等核心命題以及孔孟原儒教旨、『四書五經』本真義。

三、『一言一藥，切於吾用』：《則言》的學術價值

《陽明先生則言》編輯完畢後，有學人對薛侃、王畿『擇而取之』王陽明諸書信、序、記、墓表中相關文字的做法予以質疑：『（陽明）先生之學，不厭不倦，其道蕩蕩，其思淵淵，士羹墻而民尸祝矣。誦其遺言皆可則也。譬之樹然，芽甲花實皆生意也。子之擇而取之也，無乃不可乎？』對此，薛侃這樣予以回應：『道之在吾人也，孰彼此焉？而其見於言也，孰衆寡焉？惟其切於吾之用也，則一言一藥矣，而況於全乎？如其弗用也，則六籍亦粕燼耳，而況於一言乎？此《則言》之意也。』[一]毫無疑問，王陽明作爲『真三不朽聖人』，本

[一] 永富青地：《王守仁著作の文獻學的研究》，（東京）汲古書院二〇〇七年版，第六七六頁。

身就是『悟道』之人，對聖人之學有着深刻的洞悉與踐行，而王陽明的傳世文獻，皆是其本人體道、悟道、布道、行道經歷的内心獨白。對其弟子門人乃至後學而言，其片言隻語只要『切於吾之用』，即對後世學者的『格、致、誠、正、修、齊、治、平』有所受用，則是『一言一藥』。

《陽明先生則言》自嘉靖十六年（一五三七）刊刻之後，也是多次被刊刻。

嘉靖二十九年（一五五〇）八月，時任巡按陝西監察御史的閭東重刻《陽明先生文録》二十八卷於陝西鞏昌府天水（今屬甘肅），並撰《重刻陽明先生文集序》文，其中有云：『《陽明先生文録》舊刻於姑蘇，《傳習録》刻於贛，繼又有薛子者刻其《則言》，然相傳不多得，同志者未得合併以觀全書，每有餘憾。（閭）東按西秦，歷關、隴，見西土人士俊髦，群然皆忠信之質也，因相與論良知之學，盡取先生《文録》，附以《傳習録》並《則言》，共若干卷刻之，願與同志者共焉。……爰命工鋟於天水，天水蓋包羲氏所自起地，因以遡心學淵源云。嘉靖庚戌秋八月。』[一]閭東係四川内江人，同時又是江右王門學者歐陽德的弟子，他在天水刊刻《陽明先生文録》之時，以薛侃在嘉靖十六年編輯的《陽明先生則言》，作爲《陽明先生文録》的附録予以刊刻。

嘉靖四十四年（一五六五）十一月，谷中虛重刊《陽明先生則言》二卷於湖廣，並撰跋文，末署『嘉靖乙丑仲秋吉日，後學谷中虛謹識』。谷中虛，字子聲，别號岱宗，山東海豐縣（今山東濱州無棣縣）人，曾任浙江按察使、浙江巡撫、湖廣巡撫等職。谷中虛重刊《陽明先生則言》之時，還邀請時任巡按湖廣監察御史徐大壯撰《序》，云：『（陽明）先生集頗多，而《則言》其簡要者，谷岱宗公（谷中虛）重鋟於楚，固嘉惠後學盛心也。余不佞，敢表揚道之正傳與先生之意，且以曉學者云。嘉靖乙丑仲冬吉日，巡按湖廣監察御史徐大壯謹序。』[二]今南京圖書館藏明嘉靖四十四年谷中虛重刊本《陽明先生則言》。

萬曆三十一年（一六〇三），《宋明四先生語録》本《陽明先生則言》刊刻，並由著名刻書家、藏書家吴勉學撰序。吴勉學，字肖愚，號師古，安徽歙縣人，史稱其『博學多識，家富藏書』，一生致力於藏書和刻書事業。另外，在清順治九年（一六五二），也就是日

[一] 閭東：《重刻陽明先生文集序》，王陽明：《王陽明全集》（新編本），吴光等編校，第二一〇七至二一〇八頁。

[二] 徐大壯：《陽明先生則言序》，王陽明：《王陽明全集》（新編本），吴光等編校，第二一九九頁。

本慶安五年，明人吳興錢中選校正的《陽明先生則言》在日本进行刊刻。這也足以説明《陽明先生則言》之於陽明學廣泛傳播的學術價值。

爲在新時代推動陽明學文獻的出版與陽明學的學術傳播，今孔學堂書局《陽明文庫》『古籍整理系列』擬以影印方式收録明嘉靖十六年（一五三七）刊刻的《陽明先生則言》，問序於我，故而有上述文字，請讀者諸君指正。

冀南後學　張宏敏[一]

二〇二四年三月一八日謹記於浙江國際陽明學研究中心

[一]　張宏敏，浙江省社會科學院哲學研究所副所長、研究員，兼任浙江國際陽明研究中心主任。

目錄

則言叙

叙曰言而世為天下則其致良知之謂乎或曰自格物至于平天下皆學也曷為獨揭致知且以為致良知也曰此學之的功唐虞以來列聖之心傳孔門之授受陽明夫子實闡明之非始於陽明也危微精一之訓其言殊其歸同矣傳曰人所不慮而知者其良知也孔鮒述祖之訓曰心之精神是謂聖其良知之謂乎致云者充

之以盡其才也天地之道陰陽而已人事善惡而已善惡之在事為物而吾心之靈覺為知意則起念之初心其存主身其應用也知其善而向之如不及焉知其惡而背之不使加乎身焉則善惡之物正而良知致意斯誠矣心可正而大本立矣身可脩而達道行矣家國天下則以人己相對所及廣狹為言曰齊治平舉此而措之爾充其良知之量近之事父母遠之保四海

本末一貫如堯之明德睦族平章協和是已是故物知意心身譬則耳目鼻口心知百體雖不同而同爲一體格致誠正脩譬則視聽思慮動作雖不同而同爲一事實非有階級之先後積漸之功次也直指全體則曰致良知其精一之的功乎考之古聖而不謬百世以俟而不惑矣昔者陽明夫子之致其知也有忘寢忘食忘身之老之勤愛人猶己有豈以強教善與人同之

公繼往開来有仁爲己任斃而後已之勇天民先覺非夫子孰當之其平居與人言雖一事之微提掇片辭皆本於帝衷恒性躍如也其所不知闕疑不強遺言之存世皆可則大旨要歸曰致良知而已學士大夫親承而私淑者亦既多矣窮鄉遐邑考問未由此薛王二子則言之所爲輯文江周子按浙任道擔當以作人爲最先事且屬臨海令岷川劉子曰子其志夫子之志

廣則言之傳於人人良也樂聞而敘述大意於

簡端

嘉靖十七年戊戌夏六月門人仙居應良敘

陽明先生則言序

先生之言始鋟自贛曰傳習錄紀其答問語也鋟于廣德曰文錄紀其文辭者也鋟于姑蘇蓋之曰別錄紀其政略者也錄既備行者不易挾遠者不易得侃與汝中萃其簡切為二帙曰則言蓋先生之教貴知本也大本立而達道行則天地以位萬物以育乃天則也學者患無志焉爾能志乎此則戒慎恐懼而致其中和自不容

已矣孰戒慎孰恐懼此良知也孰云為中良知
廓然而弗倚者也孰云為和良知順應而無滯
者也是故天曰太虛聖曰通明虛明者良知之
謂也致也者去其蔽全其本體之謂也去其蔽
者非謂有減也蔽去則知行一人已一本體復
矣本體復非謂有增也吾之性本無方體無窮
盡者也能復其性則可以撫世可與酬物矣夫
是之謂學然胡為而證其至也考之書焉已矣

質諸聖焉已矣資諸師友焉已矣夫是之謂問學問之道無他致其良知而已矣此則言之意也或曰先生之學不厭不倦其道蕩蕩其思淵淵士羨墻而見尸祝矣誦其遺言皆可則也譬之樹然芽甲花實皆生意也子獨摘其實而遺餘焉無乃不可乎曰道之在吾人也孰彼此焉而其見於言也孰衆寡焉惟其切於吾之用也則一言一藥矣而況於全乎如其弗用也則六

籍亦粕燼爾而況於一言乎且夫樹之生也居
者玩焉繪者象焉有國有家者梁焉棟焉今子
之愛樹也則將若是焉已乎抑亦摘而藝之俾
復生生已乎或質諸周子文規曰然遂命録之
嘉靖十六年丁酉臘月朔門人薛侃謹識

陽明先生則言上

先生曰德有本而學有要不於其本而泛焉以從事高之而虛無卑之而支離終亦流蕩失宗勞而無得矣是故君子之學惟求得其心雖至於位天地育萬物未有出於吾心之外者也孟氏所謂學問之道無他求其放心而已者一言以蔽之故博學者學此者也審問者問此者也慎思者思此者也明辯者辯此者也篤行者行此者也心外無事心外無理故心外無學譬之植

焉心其根也學也者其培壅之者也灌溉之者
也扶植而刪鋤之者也無非有事於根焉耳矣
君子之學以明其心其心本無昧也而欲爲之蔽
習爲之害故去蔽與害而明復匪自外得也
人者天地萬物之心也心者天地萬物之主也心
即天言心則天地萬物皆舉之矣
聖人之心纖翳自無所容自不須磨刮若常人之
心如斑垢駁雜之鏡須痛加磨刮盡去其駁蝕
然後纖塵即見纔拂便去亦自不須費力到此

已是識得仁體矣若駁雜未去其間固自有一點明處塵埃之落亦見得亦纔拂便去至於堆積於駁蝕之上終弗之能見此學利困勉之所由異也

聖人之所以爲聖者以其生而知之也釋論語者曰生而知之者義理耳若夫禮樂名物古今事變亦必待學而後有以驗其行事之實夫禮樂名物之類果有關於作聖之功也而聖人亦必待學而後能知焉則是聖人亦不可以謂之生

知矣謂聖人爲生知者專指義理而言而不以禮樂名物之類則是禮樂名物之類無關於作聖之功矣聖人所以謂之生知者專指義理而不以禮樂名物之類則是學而知之者亦惟當學知此義理而已困而知之者亦惟當困知此義理而已今學者之學聖人於聖人之所能知者未能學而知之而顧汲汲焉求知聖人之所不能知者以爲學無乃失其所以希聖人之方歟

口之於甘苦也與易牙同目之於妍媸也與離婁同心之於是非也與聖人同其有昧焉者其心之於道不能如口之於味目之於色之誠切也然後私得而蔽之

近時與朋友論學惟說立誠二字殺人須就咽喉上着刀吾人為學當從心髓入微處用力自然篤實光輝雖私欲之萌真是洪爐點雪天下之大本立矣若就標末粧綴比擬凡平日所謂學問思辨者適足以為長傲遂非之資自以為進

於高明光大而不知陷於狠戾險嫉亦誠可哀
也已
學患不知要知要矣患無篤切之志既知其要又
能立志篤切循循日進自當有至譬之飲食其
味之美惡食者當自知之非人之能以美惡告
之也
求聖人之學而弗成者殆以志之弗立歟天下之
人志輪而輪焉志裘而裘焉志巫醫而巫醫焉
志其事而弗成者吾未之見也輪裘巫醫遍天

下求聖人之學者間數百年而弗一二見爲其事之難歟亦其志之難歟弗志其事而能有成者吾亦未之見也

夫久溺於流俗而驟語以求聖人之事其始也必將有自餒而不敢當已而舊習牽焉又必有自眩而不能决已而外議奪焉又必有自沮而或以懈夫餒而求有以勝之眩而求有以信之沮而求有以進之吾見立志之難能也志立而學半矣

夫志猶種也學問思辨而篤行之是耕耨灌溉以求於有秋也志之弗端是荑稗也志端矣而功之弗繼是五穀之弗熟弗熟弗如荑稗也

今古學術之誠僞邪正何啻碔砆美玉然有眩惑終身而不能辯者正以此道之無二而其變動不拘充塞無間縱橫顛倒皆可推之而通世之儒者各就其一偏之見而又飾之以比擬倣像之功文之以章句假借之訓其爲習熟既足以自信而條目又足以自安此其所以誑己誑人

終身沒溺而不悟焉耳然其毫釐之差乃致千里之謬非誠有求為聖人之志而從事於惟精惟一之學者莫能得其受病之源而發其神奸之所由伏也若某之不肖蓋亦嘗陷溺於其間者幾年倀倀然既自以為是矣賴天之靈偶有悟於良知之學然後悔其向之所為者固包藏禍機作偽於外而心勞日拙者也十餘年來雖痛自洗剔創艾而病根深痼萌蘖時生所幸良知在我操得其要譬猶舟之得舵雖驚風巨浪

顛沛不無尚猶得免於傾覆者也夫舊習之溺人雖已覺悔悟而其克治之功尚且其難若此又况溺而不悟日益以深者亦將何所抵極乎世間無志之人既已見驅於聲利詞章之習間有知得自已性分當求者又爲一種似是而非之學境絆羈縻終身不得出頭緣人未有真爲聖人之志未免挾有見小欲速之私則此種學問極足支吾眼前是以雖在豪傑之士而任重道遠志稍不力即且安頓其中者多矣

學者既立有必爲聖人之志只須就自己良知明覺處朴實致去自然循循日有所至原無許多門面措數也外面是非毀譽亦可資之以爲警切砥礪之地却不得以此稍動其心便將流入於心勞日拙而不自知矣

先認聖人氣象昔人嘗有是言矣然亦未見有頭腦聖人氣象自在聖人我從何處識認若不於自己良知上眞切體認如以無星之稱而權輕重未開之鏡而照姸媸眞所謂以小人之腹而

度君子之心矣聖人氣象何由認得自己良知原與聖人一般若體認得自己良知明白即聖人氣象不在聖人而在我矣

心之良知是謂聖聖人之學惟是致此良知而已自然而致之者聖人也勉然而致之者賢人也自蔽自昧而不肯致之者愚不肖者也

良知者即所謂是非之心人皆有之不待學而有不待慮而得者也人孰無是良知乎獨有不能致之耳自聖人以至於愚人自一人之心以達

於四海之遠自千古之前以至於萬代之後無有不同是良知也者是所謂天下之大本也致是良知而行則所謂天下之達道也天地以位萬物以育將富貴貧賤患難夷狄無所入而弗自得也矣

致知二字乃是孔門正法眼藏於此見得真的直是建諸天地而不悖質諸鬼神而無疑考諸三王而不謬百世以俟聖人而不惑知此者方謂之知道得此者方謂之有德異此而學即謂之

異端離此而說即謂之邪說迷此而行即謂之冥行雖千魔萬怪眩瞀變幻於前自當觸之而碎迎之而解如太陽一出而魑魅魍魎自無所逃其形矣

良知者心之本體心之本體無起無不起雖妄念之發而良知未嘗不在但人不知存則有時而或放耳雖昏塞之極而良知未嘗不明但人不知察則有時而或蔽耳雖有時而或放其體實未嘗不在也存之而已耳雖有時而或蔽其體

實未嘗不明也察之而已耳
學者欲求寧靜欲念無生此正是自私自利將迎
意必之病是以念愈生而愈不寧靜良知之體
本自寧靜今却添一求寧靜本自生生今却添
一欲無生非獨聖門致知之功不如此雖佛氏
之學亦未如此將迎意必也良知只是一箇良
知而善惡自辨更有何善何惡可思一念良知
徹頭徹尾無始無終即是前念不滅後念不生
今却欲前念易滅而後念不生此即佛氏所謂

斷滅種性入於槁木死灰之謂矣

學問工夫只要主意頭腦是當若主意頭腦專以致良知爲事則凡多聞多見莫非致良知之功蓋日用之間見聞酬酢雖千頭萬緒莫非良知之發用流行除却見聞酬酢亦無良知可致矣

知是心之本體心自然能知見父自然知孝見兄自然知悌見孺子入井自然知惻隱此便是良知不假外求若良知之發更無私意障碍即所謂充其惻隱之心而仁不可勝用矣

良知只是天理自然明覺發見處只是真誠惻怛即是本體故致此良知之真誠惻怛以事親即是孝致此良知之真誠惻怛以從兄即是弟致此良知之真誠惻怛以事君即是忠

良知之於節目事變猶規矩尺度之於方圓長短也節目時變之不可預定猶方圓長短之不可勝窮也故規矩誠立則不可欺以方圓而天下之方圓不可勝用矣尺度誠陳則不可欺以長短而天下之長短不可勝用矣良知誠致則不

可欺以節目時變而天下之節目時變不可勝應矣

良知不由見聞而有見聞莫非良知之用故良知不滯於見聞而亦不離於見聞

明道云吾學雖有所受然天理二字却是某自家體貼出來良知即天理體貼者實有諸已之謂非若世之想像講說者之爲也近時同志莫不知以良知爲說然亦未見有能實體認之者是以尚未免於疑惑蓋有謂良知不足以盡天下

之理而必假窮索以增益之者又以爲徒致良
知未必能合於天理須以良知講求其所謂天
理者而執之以爲一定之則然後可以率由而
無弊是其爲說非實加體認之功而真有以見
夫良知者則亦莫能辯其言之似是而非也
某近來却見得良知兩字日益真切簡易朝夕與
朋輩講習只是發揮此兩字不出緣此兩字人
人所自有故雖至愚下品一提便省覺若致其
極雖聖人天地不能無憾故說此兩字窮劫不

能盡世儒尚有致疑於此謂未足以盡道者只是未嘗實見得耳近有鄉大夫請其講學者云除卻良知還有甚麼說得其荅曰除却良知還有甚麼說得

性無不善故知無不良良知即是未發之中即是廓然太公寂然不動之本體人人之所同具者也但不能不昏蔽於物欲故須學以去其昏蔽然於良知之本體初不能有加損於毫末也知無不良而中寂太公未能全者是昏蔽之未能

盡去而存之未純耳

良知本來自明氣質不美者查滓多障蔽厚不易開明質美者查滓原少無多障蔽畧加致知之功此良知便自瑩徹些少查滓如湯中浮雪如何能作障蔽

凡人言語正到快意時便截然能忍默得意氣正到發揚時便翕然能收斂得憤怒嗜欲正到騰沸時便廓然能消化得此非天下之大勇者不能也然見得良知親切時其工夫又自不難緣

此數病良知之所本無只因良知昏昧蔽塞而後有若良知一提醒時即如白日一出而魍魎自消矣

沉空守寂與安排思索皆是自私用智其爲喪失良知一也良知是天理之昭明靈覺處故良知即是天理思是良知之發用若是良知發用之思則所思莫非天理矣良知發用之思自然明白簡易良知亦自能知得若是私意安排之思自是紛紜勞擾良知亦自會分別得

今之調養者多是厚食濃味劇酣謔浪或竟日僵卧如此是撓氣昏神長惰而召疾也豈攝養精神之謂哉務須絕飲酒薄滋味則氣自清寡思慮屏嗜欲則精自明定心氣少眠睡則神自澄君子未有不如此而謂之致力於學問者

君子之學爲己之學也爲己故必克己克己則無己無己者無我也世之學者執其自私自利之心而自任以爲爲己滯焉入於隳墮斷滅之中而自任以爲無我者吾見亦多矣嗚呼自以為

有志聖人之學乃墮於末世佛老邪僻之見而
弗覺亦可惜也夫
先生征浰頭以書報學者曰破山中賊易破心中
賊難
今人病痛大段只是傲千罪百惡皆從傲上來傲
則自高自是不肯屈下人爲子而傲必不能孝
爲弟而傲必不能弟爲臣而傲必不能忠象之
不仁丹朱之不肖皆只是一傲字結果一生傲
之反爲謙謙字便是對症之藥非但是外貌卑

遜須是中心恭敬撙節退讓常見自已不是眞能虛已受人故為子而謙斯能孝為弟而謙斯能弟為臣而謙斯能忠堯舜之聖只是謙到至誠處便是允恭克讓溫恭允塞也

金之在冶經烈熖受鉗鎚當此之時為金者甚苦然自他人視之方喜金之益精煉而惟恐火力鎚煅之不至既其出冶金亦自喜其挫折煅煉之有成矣學者克已工夫亦然

自家痛痒自家須會知得自家須會搔摩得既自

知得痛痒自家須不能不摇摩得調停斟酌須是自家他人總難與力亦更無别法可設

君子之學求以變化其氣質焉爾氣質之難變者以客氣之爲患而不能以居下於人遂至自是自欺飾非長傲卒歸於兇頑鄙倍故凡世之爲子而不能孝爲弟而不能敬爲臣而不能忠者其始皆起於不能屈下而客氣之爲患耳

變化氣質居常無所見惟當利害經變故遭屈辱平時忿怒者到此能不忿怒憂惶失措者到此

能不憂惶失措始是能有得力處亦便是用力處

氣浮者其志不確心麄者其造不深外誇者其中日陋

懆於其心者其動妄蕩於其心者其視浮歉於其心者其氣餒忽於其心者其貌惰傲於其心者其色矜五者心之不存也不存也者不學也

本心之明皎如白日無有有過而不自知者但患不能改耳一念改過當時即得本心人孰無過

改之爲貴蘧伯玉大賢也惟曰欲寡其過而未能成湯孔子大聖也亦惟曰改過不吝可以無大過而已人皆曰人非堯舜安能無過此亦相沿之說未足以知堯舜之心若堯舜之心而自以爲無過即非所以爲聖人矣古之聖賢時時自見已過而改之是以能無過非其心果與人異也戒慎不睹恐懼不聞者時時自見已過之功也

行之明覺精察處即是知知之真切篤實處即是

行若行而不能精察明覺即是冥行即是學而不思則罔所以必須說箇知知而不能真切篤實即是妄想即是思而不學則殆所以必須說箇行又曰知行原是兩箇字說一箇工夫

警學者曰議論好勝亦是今時學者大病學者於道如管窺天少有所見即自足自是傲然居之不疑與人言論不待其辭之終而已先懷輕忽非笑之意不知有道者從旁視之方為之竦息汗顏若無所容而彼悍然不顧畧無省覺斯亦

可哀也矣又曰議論欠簡切又不能虛心平氣

此是吾儕通患

君子論事當先去其有我之私一動於有我則此心已陷於邪僻雖所論盡合於理既已亡其本矣

君子之學務求在己而已毀譽榮辱之來非獨不以動其心且資之以為切磋砥礪之地故君子無入而不自得正以其無入而非學也若夫聞譽而喜聞毀而戚則將皇皇於外惟日之不足

矣其何以為君子困心衡慮以堅淬其志節動心忍性以增益其不能自古聖賢未有不如此而能有立於天下者也

人之是非毀譽如水之濕如火之熱久之必見豈能終掩其實者故有其事不可辨也無其事不必辨也無其事而辨之是自謗也有其事而辨之是益增已之惡而甚人之怒也皆非所以自修而平物也

非笑詆毀聖賢所不免伊川有涪州之行孔子尚
微服過宋今日風俗益偷人心日以淪溺茍欲
自立違俗拂衆指摘非笑紛然而起亦勢所必
至然亦多由吾黨所養未深高自標榜所致學
者固不當自立門戶以招謗速毀亦不當故避
非毀同流合汚
昔之君子蓋有舉世非之而不顧千百世非之而
不顧者亦求其是而已矣豈以一時毀譽而動
其心邪惟其在我者有未盡則亦安可遂以人

言爲盡非伊川晦庵之在當時尚不免於詆毀斥逐況在吾輩行有所未至者乎

欲此心純乎天理而無一毫人欲之私此作聖之功也必欲此心純乎天理而無一毫人欲之私非防於未萌之先而克於方萌之際不能也防於未萌之先而克於方萌之際此正中庸戒慎恐懼大學致知格物之功舍此之外無別功矣

凡功夫只是要簡易真切愈真切愈簡易愈簡易愈真切

照心非動者以其發於本體明覺之自然而未嘗有所動也有所動即妄矣妄心亦照者以其本體明覺之自然者未嘗不在於其中但有所動耳無所動即照矣無妄無照非以妄爲照以照爲妄也照心爲照妄心爲妄是猶有妄有照也有妄有照則猶貳也貳則息矣無妄無照則不貳不貳則不息矣

合得本體是功夫做得功夫是本體

君子之所謂敬畏者非有所恐懼憂患之謂也乃

戒慎不睹恐懼不聞之謂耳君子之所謂灑落者非曠蕩放逸縱情肆意之謂也乃其心體不累於欲無入而不自得之謂耳是灑落生於天理之常存天理常存生於戒慎恐懼之無間

樂是心之本體雖不同於七情之樂而亦不外於七情之樂雖則聖賢別有真樂而亦常人之所同有但常人有之而不自知反自求憂苦自加迷棄雖在憂苦迷棄之中而此樂又未嘗不存但一念開明反身而誠則即此而在矣

衆方囂囂然我獨淵默中心融融自有真樂是蓋出乎塵垢之外而與造物者遊也

性一而已仁義禮智性之性也聰明睿知性之質也喜怒哀樂性之情也私欲客氣性之蔽也質有清濁故情有過不及而蔽有淺深也

程子謂論性不論氣不備論氣不論性不明亦是爲學者各認一邊只得如此說若見得自性明白時氣即是性性即是氣原無性氣之可分也

盈虛消息皆命也纖巨內外皆性也隱微寂感皆

心也存心盡性順夫命而已矣
三代之學皆所以明人倫今之學宮皆以明倫名
堂則其所以立學者固未嘗非三代之意也然
自科舉之業盛士皆馳騖於記誦辭章於是師
之所教弟子之所學遂不復知有明倫之意矣
又曰聖賢之學明倫而已外此而學者謂之異
端非此而論者謂之邪說假此而行者謂之伯
術飾此而言者謂之浮辭背此而馳者謂之功
利之徒

君子之學求盡吾心焉爾故其事親也求盡吾心之孝而非以爲孝也事君也求盡吾心之忠而非以爲忠也是故夙興夜寐非以爲勤也剸繁理劇非以爲能也嫉邪祛蠹非以爲剛也規切諫諍非以爲直也臨難死義非以爲節也吾心有不盡焉是謂自欺其心心盡而後吾之心始自以爲快也

見得自己心體即無時無處不是此道

修己治人本無二道政事雖劇亦皆學問之地

天下事雖萬變吾所以應之不出乎喜怒哀樂四者此為學之要而為政亦在其中矣

君子素其位而行思不出其位凡謀其力之所不及而強其知之所不能者皆不得為致良知而凡勞其筋骨餓其體膚空乏其身行拂亂其所為動心忍性以增益其所不能者皆所以致其良知也

凡作事不能謀始有輕忽苟且之弊且不免為體面所拘事勢所格者皆致知之心未能誠一亦

是見得良知未透徹耳若見得良知透徹即體面事勢中莫非良知之妙用除却體面事勢之外亦別無良知矣若為體面所拘事勢所格即已動於私意非復良知之本然矣

君子與人惟義所在厚薄輕重已無所私焉此所以為簡易之道世人之心雜於計較毀譽得喪交於中而眩其當然之則是以處之愈周計之愈悉而行之愈難也

奇特斬絶之行多後世希高慕大者之所喜聖賢

不以是爲貴也

人在仕途比之退處山林時其功夫之難十倍非得良友時時警發砥礪則其平日之所志向鮮有不潛移默奪弛然日就於頹靡者

凡薦賢於朝與自已用人不同自已用人權度在我故雖小人而有才者亦可以器使若以賢才薦之於朝則評品一定便如白黒其間舍短録長之意若非明言誰復知之小人之才豈無可用如砒硫芒硝皆有攻毒破壅之功但混於參

苓蓍术之間而進之養生之人萬一用之不精鮮有不誤者矣

權者天下之大利大害也小人竊之以成其惡君子用之以濟其善固君子之不可一日去小人之不可一日有者也欲濟天下之難而不操之以權是猶倒持太阿而授人以柄希不割矣故君子之致權也有道本之至誠以立其德植之善類以多其輔示之以無不容之量以安其情擴之以無所競之心以平其氣昭之以不可奪

之節以端其向神之以不可測之機以攝其奸形之以必可賴之智以收其望坦然爲之下以上之退然爲之後以先之是以功蓋天下而莫之嫉善利萬物而莫與爭

天下古今之人其情一而已矣先王制禮皆因人情而爲之節文是以行之萬世而皆準其或反之吾心而有所未安者非其傳記之訛闕則必古今風氣習俗之異宜者矣雖先王未之有亦可以義起此三王之所以不相襲禮也若徒拘

泥於古不得於心而寘行焉是乃非禮之禮行
不著而習不察者矣
古禮之存於世者老師宿儒當年不能窮其說世
之人苦其煩且難遂皆廢置而不行故今之爲
人上而欲導民於禮者非詳且備之爲難惟簡
切明白而使人易行之爲貴耳
齊宣之時明堂尚有未毀則幽厲之世周之明堂
皆無恙也堯舜茅茨土階明堂之制未必備而
不害其爲治幽厲之明堂固猶文武成康之舊

而無救於其亂何邪豈能以不忍人之心而行
不忍人之政則雖茅茨土階圜亦明堂也以幽
厲之心而行幽厲之政則雖明堂亦暴政所自
出之地也武帝肇講於漢而武后盛作於唐其
治亂何如耶

天子之學曰璧雍諸侯之學曰泮宮皆象地形而
爲之名耳然三代之學其要皆所以明人倫非
以璧不璧泮不泮爲重輕也孔子云仁而不仁
如禮何人而不仁如樂何制禮作樂必具中和

之德聲爲律而身爲度者然後可以語此若夫器數之末樂工之事祝史之守也故曾子曰君子所貴乎道者三籩豆之事則有司存

堯命羲和欽若昊天曆象日月星辰其重在於敬授人時也舜在璿璣玉衡其重在於以齊七政也是皆汲汲然以仁民之心而行其養民之政治曆明時之本固在於此也羲和曆數之學臯契未必能之也禹稷未必能之也堯舜之知而不徧物雖堯舜亦未必能之也然至於今循羲

和之法而世修之雖曲知小慧之人星術淺陋之士亦能推步占候而無所惑則是後世曲知小慧之人反賢於禹稷堯舜者耶

古之葬者不封不樹孔子之葬其親也自以爲東西南北之人不可以無識也而封之崇四尺其於季札之墓則爲之識曰有吳延陵季子之墓後之誌者若是焉可矣而內以誣其親外以誣於人是故君子恥之

古者廟門皆南向主皆東向合祭之時昭之遷主

列於北牖穆之遷主列於南牖皆統於太祖東向之尊是故西尚以次而東今祠堂之制既異於古而又無太祖東向之統則以西爲尚之說誠有所未安禮以時爲大若事死如事生則宜以高祖南向而曾祖禰東西分列席皆稍降而弗正對似於人心爲安曾見浦江鄭氏之祭四代考妣皆異席高考妣南向曾祖禰考皆西向妣皆東向各依世次稍退半席其於男女之别尊卑之等兩得其宜今吾家亦如此行但恐民

間聽事多淺陋而器物亦有所不備則不能以
通行耳
後世大患全是士夫以虛文相誑略不知有誠心實意流積成風雖有忠信之質亦且迷溺其間不自知覺是故以之為子則非孝以之為臣則非忠流毒扇禍生民之亂尚未知所抵極今欲救之惟有返朴還淳是對症之劑故吾儕今日用工務在鞭辟近裏刪削繁文始得然欲鞭辟近裏刪削繁文亦非草率可能必須講明致良

知之學
柔遠人而撫戎狄謂之柔與撫者豈專恃兵甲之
盛威力之強而已乎古之人能以天地萬物為
一體故能通天下之志凡舉大事必順其情而
使之因其勢而導之乘其機而動之及其時而
興之是以為之但見其易而成之不見其難此
天下之民所以陰受其庇而莫知其功之所自
也
用兵之法伐謀為先處夷之道攻心為上

古者四民異業而同道其盡心焉一也士以修治農以具養工以利器商以通貨各就其資之所近力之所及者而業焉以求盡其心其歸要在於有益於生人之道則一而已自王道熄而學術乖人失其心交騖於利以相驅軼於是始有歆士而卑農榮宦遊而賤工賈夷考其實射時罔利有甚焉特異其名耳

謂舉業與聖人之學相戾者非也程子云心苟不忘則雖應接俗事莫非實學無非道也而況於

舉業乎謂舉業與聖人之學不相戾者亦非也
程子云心苟忘之則雖終身由之只是俗事而
況於舉業乎忘與不忘之間不能以髮要在深
思默識所指謂不忘者果何事耶知此則知學
矣

君子之政不必專於法要在宜於人君子之教不
必泥於古要在入於善

君子之學以誠意爲主格物致知者誠意之功也
猶饑者以求飽爲事飲食者求飽之事也

格致誠正之說是就學者本心日用事爲間體究踐履實地用功多少次第多少積累正與空虛頓悟之說相反

如人必有欲食之心然後知食欲食之心即是意即是行之始矣食味之美惡必待入口而後知豈有不待入口而已先知食味之美惡者邪必有欲行之心然後知路欲行之心即是意即是行之始矣路岐之險夷必待身親履歷而後知豈有不待身親履歷而已先知路岐之險夷者

耶若如世儒之論知行是乃所謂不見是物而先有是事者矣

意欲溫凊意欲奉養者所謂意也而未可謂之誠意必實行其溫凊奉養之意務求自慊而無自欺然後謂之誠意知如何而為溫凊之節知如何而為奉養之宜者所謂知也而未可謂之致知必致其知如何爲溫凊之節者之知而實以之溫凊致其知如何為奉養之宜者之知而實以之奉養然後謂之致知溫凊之事奉養之事

所謂物也而未可謂之格物必其於溫凊之事也一如其良知之所知當如何為溫凊之節者而為之無一毫之不盡於奉養之事也一如其良知之所知當如何為奉養之宜者而為之無一毫之不盡然後謂之格物溫凊之物格然後溫凊之良知始致奉養之物格然後奉養之良知始致故曰物格而後知至致其知溫凊之良知而後溫凊之意始誠致其知奉養之良知而後奉養之意始誠故曰知至而後意誠

夫物理不外於吾心外吾心而求物理無物理矣遺物理而求吾心吾心又何物耶心之體性也性即理也故有孝親之心即有孝之理無孝親之心即無孝之理矣有忠君之心即有忠之理無忠君之心即無忠之理矣理豈外於吾心耶晦菴謂人之所以為學者心與理而已心雖主乎一身而實管乎天下之理理雖散在萬事而實不外乎一人之心是其一分一合之間未免已啓學者心理為二之弊此後世所以有專求

本心遂遺物理之患也
朱子所謂格物云者在即物而窮其理即物窮理是就事事物物上求其所謂定理者也是以吾心而求理於事事物物之中析心與理而為二矣夫求理於事事物物者如求孝之理於其親之謂也求孝之理於其親則孝之理其果在於吾之心邪抑果在於親之身邪如果在親之身則親沒之後吾心遂無孝之理歟見孺子之入井必有惻隱之理是惻隱之理果在於孺子之

身歟抑在吾心之良知歟其或不可以從之於井歟其或可以手而援之歟是皆所謂理也是果在於孺子之身歟抑果出於吾心之良知歟以是例之萬事萬物之理莫不皆然是可以知析心與理爲二之非矣夫析心與理爲二此告子義外之說孟子之所深闢也

所謂致知格物者致吾心之良知於事事物物也吾心之良知即所謂天理也致吾心良知之天理於事事物物則事事物物皆得其理矣致吾

心之良知者致知也事事物物皆得其理者格物也是合心與理而為一者也

心者身之主也而心之虛靈明覺即所謂本然之良知也其虛靈明覺之良知應感而動者謂之意有知而後有意無知則無意矣知非意之體乎意之所用必有其物物即事也如意用於事親即事親為一物意用於治民即治民為一物意用於讀書即讀書為一物意用於聽訟即聽訟為一物凡意之所在無有無物者有是意即

有是物無是意即無是物物非意之用乎

隨事就事上致其良知便是格物着實去致良知

便是誠意着實致其良知而無一毫意必固我

便是正心着實致良知則自無忘之病無一毫

意必固我則自無助之病故說格致誠正則不

必更說忘助

修齊治平總是格物

率性而行則性謂之道修道而學則道謂之教謂

修道之為教可也謂修道之為學亦可也自其

道之示人無隱者而言則道謂之教自其功夫
之修習無違者而言則道謂之學
未發之中非專指静時言就發之時此心不為喜
怒哀樂牽引汩撓明覺寂然不動即所謂動亦
定者也若有牽引汩撓即是動於氣動於欲矣
旣有動則其所發必不和故未發之中即是發
而中節之和中節之和即是未發之中無動無
静體用一源者也
舜察邇言詢芻蕘非以邇言當察芻蕘當詢而後

然也乃良知發見流行光明圓瑩更無罣碍遮隔此所以謂之大知才有執著意必其知便小矣

舜之好問好察惟以用中而致其精一於道心耳道心者良知之謂也君子之學何嘗離去事為而廢論說但其從事於事為論說者要皆知行合一之功正所以致其本心之良知而非若世之徒事口耳談說以為知者分知行為兩事而果有節目先後之可言也

中庸謂知恥近乎勇只是恥其不能致得自已良知耳今人多以言語不能屈服得人為恥意氣不能陵軋得人為恥憤怒嗜慾不能直意任情得為恥殊不知此數病者皆是蔽塞自已良知之事正君子之所宜深恥者今乃反以不能為可恥正是恥非其所當恥而不知恥其所當恥也。

誠者無妄之謂誠身之誠則欲其無妄之謂誠之之功則明善是也故博學審問慎思明辨篤行

皆所以明善而為誠之之功也故誠身有道明
善者誠身之道也不明乎善則是不誠乎身矣
非明善之外别有所謂誠身之功也誠身之始
身猶未誠也故謂之明善明善之極則身誠矣
若謂自有明善之功又有誠身之功是離而二
之也難乎免於毫釐千里之繆矣
問思辯行皆所以為學未有學而不行者也如言
學孝則必服勞奉養躬行孝道而後謂之學豈
徒懸空口耳講說而遂可以謂之學孝乎學射

則必張弓挾矢引滿中的學書則必伸紙執筆操觚染翰盡天下之學無有不行而可以言學者則學之始固已即是行矣篤者敦實篤厚之意已行矣而敦厚不息其功之謂爾蓋學之不能以無疑則有問問即學也即行也又不能無疑則有思思即學即行也又不能無疑則有辯辯即學即行也辯既明矣思既慎矣問既審矣學既能矣又從而不息其功焉斯之謂篤行非謂學問思辯之後而始措之於行也是故以求

能其事而言謂之學以求解其惑而言謂之問以求通其理而言謂之思以求精其察而言謂之辯以求履其實而言謂之行蓋析其功而言則有五合其事而言則一而已此心理合一之體知行並進之功所以異於後世之說者也

子思所謂至誠如神可以前知謂如神謂可以前知猶二而言之蓋推思誠者之功效也若就至誠而言則至誠之妙用即謂之神不必言如神至誠則無知而無不知不必言可以前知矣

多聞多見乃孔子因子張之務外好高徒欲以多聞多見為學而不能求諸其心以闕疑殆此其言行所以不免於尤悔而所謂見聞者適以資其務外好高而已蓋所以救子張多聞多見之病而非以是教之為學也

多聞擇其善者而從之多見而識之則是專求諸見聞之末而已落在第二義矣故曰知之次也夫以見聞之知為次則所謂知之上者果安所指乎是可以窺聖門致知用力之地矣

君子學以爲己未嘗虞人之欺已也恒不自欺其良知而已未嘗虞人之不信已也恒自信其良知而已未嘗求先覺人之詐與不信也恒務自覺其良知而已是故不欺則良知無所僞而誠誠則明矣自信則良知無所惑而明明則誠矣明誠相生是故良知常覺常照常覺常照則如明鏡之懸而物之來者自不能遁其妍媸矣何者不欺而誠則無所容其欺苟有欺焉而覺矣自信而誠則無所容其不信苟不信焉而覺矣

是謂易以知險簡以知阻子思所謂至誠如神
可以前知者也

君子之學終身只是集義一事義者宜也心得其
宜之謂義能致良知則心得其宜矣故集義亦
只是致良知君子之酬酢萬變當行則行當止
則止當生則生當死則死斟酌調停無非是致
其良知以求自慊而已

時時用必有事工夫或有時間斷此便是忘即須
勿忘或有時欲速求效此便是助即須勿助其

工夫全在必有事上用勿忘勿助只就其間提撕警覺而已若工夫原不間斷即不須更說勿忘原不欲速求效即不須更說勿助若不於必有事上用功而乃懸空守着一箇勿忘勿助此正如燒鍋煮飯鍋內未曾漬水下米而乃專去添柴放火不知畢竟煮出甚麽物來吾恐火候未及調停而鍋已先破裂矣

世之學者業辭章習訓詁工技藝探賾而索隱弊精極力勤苦終身非無所謂深造之者然亦辭

章而已耳訓詁而已耳技藝而已耳非所以深
造於道也則亦外物而已耳寧有所謂自得逢
原者哉古之君子戒慎不睹恐懼不聞致其良
知而不敢須臾或離者斯所以深造乎是矣是
以大本立而達道行天地以位萬物以育於左
右逢原乎何有

博學而詳說之者將以反說約也若無反約之云
則博學詳說者果何事也

孟子說夜氣亦只是為失其良心之人指出良心

萌動處使之從此培養今已知得良知明白常用致知之功即已不須更說夜氣却是得兎後不知守兎而仍去守株兎將復失之矣

堯舜之道孝弟而已是就人之良知發見眞誠惻怛不容蔽昧處提省人使人於動靜語默之間事君處友仁民愛物以至天下之事千變萬化皆是致此一念眞誠惻怛之良知以應之即自然無不是道更無遺缺滲漏故曰堯舜之道孝弟而已矣

明道云只窮理便盡性至命故必仁極仁而後謂之能窮仁之理義極義而後謂之能窮義之理仁極仁則盡仁之性矣義極義則盡義之性矣學至於窮理至矣而尚未措之於行天下寧有是耶

上蔡何思何慮之問與伊川所荅亦只是上蔡伊川之意與孔子繫辭原旨稍有不同繫言何思何慮是言所思所慮只是一箇天理更無别思别慮耳非謂無思無慮也故曰同歸而殊途一

致而百慮天下何思何慮云殊塗云百慮則豈謂無思無慮邪心之本體即是天理天理只是一箇更有何可思慮得天理原自寂然不動原自感而遂通學者用功只是要復他本來體用而已不是以私意去安排思索出來故明道云君子之學莫若廓然而大公物來而順應若以私意去安排思索便是用智自私矣何思何慮正是工夫在聖人分上則是自然在學者分上則是勉然伊川却是作效驗看了所以有發得

太早之說既而云却好用功則已自覺其前言之有未盡矣

學於古訓乃有獲非謂其通於文辭講説口耳義襲而取諸其外也乃如古訓而學其所學默而成之不言而信而有得於心之謂也孫志務時敏者非謂其餙情卑禮汲汲於事功聲譽之間如地之下而無所不承如海之虛而無所不納一於天德戒懼於不睹不聞如太和之運而不息也

道一而已論其大本大原則六經四書無不可推之而同者譬之草木其同者生意也其花實之疎密枝葉之高下亦欲盡比而同之吾恐化工不如是之雕刻也

君子之論苟有異於古姑毋以爲决然宜且循其說而究之極其說而果有不達然後從而斷之則辯之明析之當在我者有以得其情矣

誦習書史亦學問之事不可廢者而忘本逐末明道尚有玩物喪志之戒若立言垂訓尤非學者

所宜汲汲矣

凡看經書要取其有益於學而已則千經萬典顛倒縱橫皆為我之所用一涉拘執比擬則反為所縛雖或特見妙詣開發之益一時不無而意必之見流注潛伏蓋有反為良知之障蔽而不自覺者矣

詩文之習儒者雖亦不廢孔子所謂有德者必有言也若着意安排組織未有不起於勝心者先輩號為有志斯道而亦復如是亦只是習心未

除耳

得魚而忘筌醪盡而糟粕棄若魚醪未得而曰是筌與糟粕也魚與醪不可得矣五經聖人之學具焉然自其已聞者而言之其於道也亦筌與糟粕耳惜夫世之儒者求魚於筌而謂糟粕之爲醪也

凡刻古人文字要在發明此學惟簡明切實之為貴若支辭蔓說徒亂人耳目者不傳可也

自喜於一節者不足與進於全德之地求免於鄉

人者不可以語於聖賢之途
聖賢處末世待人應物有時而委曲其道未嘗不
直也若已為君子而使人為小人亦非仁人忠
恕惻怛之心矣
眼前路逕須放開闊才好容人來往若太拘窄恐
自已亦無展足之地矣聖人之行初不遠於人
情魯人獵較孔子亦獵較鄉人儺朝服而立於
阼階難言之互鄉亦與進其童子在當時固不
能無惑之者矣子見南子子路且有不悅夫子

到此如何更與子路說得是非只可矢之而已
若要說見南子是得多少氣力若且依子路認
箇不是則子路終身不識聖人之心此學終將
不明矣此等苦心處惟顏子便能識得故曰於
吾言無所不悅此正是大腦頭處
舜之不告而娶非舜之前已有不告而娶者為之
準則故舜得以考之何典問諸何人而為此也
武之不葬而興師非武之前已有不葬而興師
者為之準則故武得以考之何典問諸何人而

為此也抑亦求諸其心一念之良知權輕重之宜不得已而為此耳使舜之心而非誠於為無後武之心而非誠於為救民則其不告而娶與不葬而興師乃不孝不忠之大者而後之人不務致其良知以精察義理於此心感應酬酢之間顧欲懸空討論此等變常之事執之以為制事之本以求臨事之無失其亦遠矣

顏子三十二而卒說者謂顏子好學精力瘁焉夫顏雖既竭吾才然終日如愚不改其樂也此與

世之謀聲利苦心焦勞患得患失逐逐終其身耗勞其神氣奚啻百倍而皆老死黃馘此何以辯哉

孟子說忘助亦就告子得病處立方告子強制其心是助的病緣他以義爲外不知就自心上集義若時時刻刻就自心上集義則良知之體洞然明白自然是是非非纖毫莫遁又焉有不得於言不得於心之弊乎

聖人之言明白簡實而學者每求之於艱深隱奥

是以為論愈詳而其意益晦。

孔孟之訓昭如日月凡支離決裂似是而非者皆異說也有志於聖人之學者外孔孟之訓而他求是捨日月之明而希光於螢爝之微也不亦繆乎

洙泗之傳至孟子而息千五百餘年濂溪明道始復追尋其緒自後辯析日詳然亦日就支離決裂旋復湮晦吾嘗深求其故大抵皆世儒之多言有以亂之也

先儒之學得有淺深則其爲言亦不能無同異學者惟當反之於心不必苟求其同亦不必故求其異要在於是而已

勿以無過爲聖賢之高而以改過爲聖賢之學勿以其有所未至者爲聖賢之諱而以其常懷不滿者爲聖賢之心

象山陸氏之學純粹和平若不逮於周程而簡易直截眞有以接孟氏之傳其議論開闢時有異者乃其氣質意見之殊而要其學之必求諸心

則一而已故吾嘗斷以陸氏之學孟氏之學也
而世之議者以其嘗與晦翁之有同異而遂詆
以為禪夫禪之說棄人倫遺物理而要其歸極
不可以為天下國家苟陸氏之學而果若是也
乃所以為禪也今禪之說與陸氏之說其書具
存學者苟取而觀之其是非同異當有不待於
辯說者而顧一倡群和勦說雷同如矮人之觀
場莫知悲笑之所自豈非貴耳賤目不得於言
而弗求諸心者之過歟夫是非同異每起於人

持勝心便舊習而是已見故勝心舊習之爲患
賢者不免焉
心猶水也汚入之而流濁猶鑒也垢積之而光昧
世儒既叛孔孟之說昧於大學格致之訓而徒
務博乎其外以求益乎其內皆入汚以求清積
垢以求明者也
子美太白有造道之資而不能入於賢聖者詞章
綺麗之尚有以羈縻之也
張黃諸葛韓范諸公皆天質之美自多暗合道妙

雖未可盡謂之知學盡謂之聞道然亦自有其學達道不遠者也使其聞學知道即伊傅周召矣

神仙之學與聖人異然其造端托始亦惟欲引人於道悟眞篇後序所謂黃老悲其貪着乃以神仙之術漸次導之者其微旨亦自可識自堯舜禹湯文武至於周公孔子其仁民愛物之心蓋無所不至苟有可以長生不死者亦何惜以示人如老子彭籛之徒乃其禀賦有若此者非可

以學而至後世如白玉蟾丘長春之屬皆是彼學中所稱述以為祖師者其得壽皆不過五六十則所謂長生之說當必有所指矣

夫良知一也以其妙用而言謂之神以其流行而言謂之氣以其凝聚而言謂之精

精一之精以理言精神之精以氣言理者氣之條理氣者理之運用無條理則不能運用無運用則亦無以見其所謂條理者矣精則精精則明精則一精則神精則誠一則精一則明一則神

一則誠原非有二事也但後世儒者之説與養

生之説各滞於一偏是以不相為用耳

問冲舉有諸先生曰盡鳥之性者可以冲於天盡

魚之性者可以泳於川盡人之性者可以知化

育矣

氣弱多病之人但遺棄聲名清心寡慾一意聖賢

之學戒謹不睹恐懼不聞則神住氣住精住而

所謂長生久視之説亦在其中矣學者不宜輕

信異道徒亂聰明靡廢歲月久而不返將遂為

病狂喪心之人不難矣
無所住而生其心佛氏曾有是言未為非也明鏡之應物妍者妍媸者媸一照而皆真即是生其心處妍者妍媸者媸一過而不留即是無所住處
不思善不思惡時認本來面目此佛氏為未識本來面目者設此方便本來面目即吾聖門所謂良知今既認得良知明白即已不消如此說矣隨物而格是致知之功即佛氏之常惺惺亦是

常存他本來面目耳體段工夫大略相似但佛氏有箇自私自利之心所以便有不同耳

某蚤歲業舉溺志辭章之習既乃稍知從事正學而苦於衆說之紛撓疲𦓤茫無可入因求諸老釋欣然有會於心以為聖人之學在此矣然於孔子之教間相出入而措之日用往往闕漏無歸依違往返且信且疑其後謫官龍場居夷處困動心忍性之餘恍若有悟體驗探求再更寒暑證諸六經四子沛然若決江河而放之海也

然後嘆聖人之道坦如大路而世之儒者妄開竇逕蹈荆棘墮坑塹究其為說反出二氏之下宜乎世之高明之士厭此而趨彼也此豈二氏之罪哉

養生以清心寡欲為要此語有病只養生二字便是自私自利將迎意必之根有此病根潛伏於中不免滅於東而生於西引犬上堂而又逐之也

自程朱諸大儒沒而師友之道遂亡六經分裂於

訓詁支離蕪蔓於辭章業舉之習聖學幾於息
矣有志之士思起而興之然卒徘徊嗟咨逡巡
而不振因弛然自廢者亦志之弗立弗講於師
友之道也夫一人為之二人從而翼之已而翼
之者益衆焉雖有難為之事其弗成者鮮矣一
人為之二人從而危之已而危之者益衆焉雖
有易成之功其克濟者亦鮮矣故凡有志之士
必求助於師友無師友之助者志之弗立弗求
者也

曾子病革而易簀子路臨絶而結纓横渠撤虎皮而使其子弟從講於二程惟天下之大勇無我者能之今天下波頹風靡為日已久何異於病革臨絶之時然又人是己見莫肯相下求正故居今之世非有豪傑獨立之士的見性分之不容已毅然以聖賢之道自任者莫知從而求師也

今之習藝者有師業舉者有師至於性分之未明則不肯以從師夫技藝之不習不過無養生之

術舉業之不習不過失進身之階耳己之性分
有所蔽悖是不得為人矣人顧明彼而暗此也
何哉
孔子大聖尚賴三益之資致三損之戒吾儕從事
於學顧隨俗同污不思輔仁之友欲求致道恐
無是理矣
大抵朋友之交以相下為益或議論未合要在從
容涵育相感以誠不得動氣求勝長傲遂非務
在默而成之不言而信其或矜己之長攻人之

短粗心浮氣矯以沽名訐以為直挾勝心而行憤嫉以圮族敗羣為志則雖日講時習於此亦無益矣

後世學術之不明非為後人聰明識見不及古人大抵多由勝心為患不能取善相下明知其說之已是矣而又務為一說以高之是以其說愈多而惑人愈甚凡今學術之不明使後學無所適從徒以致人之多言者皆吾黨自相求勝之罪也

嘗喜晦翁涵育薰陶之説以為今時朋友相與必有此意而後彼此交益近來一二同志與人講學乃有規礪太刻遂相憤戾而去者大抵皆不免於以善服人之病耳

人品不齊聖賢亦因材成就孔門之教言人人殊後世儒者始有歸一之論然而成德達材者鮮又何居乎

學絶道喪俗之陷溺如人在大海波濤中且須援之登崖然後可授之衣而與之食若以衣食授

之波濤中是適重其溺彼將不以為德而反以為尤矣故凡居今之時且須隨機導引因事啓沃寛心平氣以薰陶之俟其感發興起而後開之以其說是故為力易而收效溥不然將有扞格不勝之患而且為君子愛人之累

立法而考之技也各詣其巧矣而同足於用因人而施之教也各成其材矣而同歸於善仲尼之答仁孝也孟子之論貨色也可以觀教矣

伊尹曰天之生斯民也使先知覺後知使先覺覺

後覺予天民之先覺也非予覺之而誰也是故
大知覺於小知小知覺於無知大覺覺於小覺
小覺覺於無覺夫已大知大覺矣而後覺於天
下不亦善乎然而未能也遂自以小知小覺而
不敢以覺於人則終亦莫之覺矣仁者固如是
乎夫仁者已欲立而立人已欲達而達人故已
有分寸之知即欲同此分寸之知於人已有分
寸之覺即欲同此分寸之覺於人人之小知小
覺者益衆則其相與為知覺也益易以明如是

而後大知大覺可期也譬之凍餒之人知耕桑之可以足衣食而又偶聞蓺禾樹桑之法將試為之而遂以告其凡凍餒者使之共為之也亦何嫌於巳之未嘗樹蓺而遂不以告之乎

聖賢之學坦如大路但知所從入苟循循而進各隨分量皆有所至後學厭常喜異往往時入斷蹊曲徑用力愈勞去道愈遠向在滁陽論學亦懲末俗卑汙未免專就高明一路開導引接蓋矯枉救傷以拯時弊不得不然若終迷陋習者

已無所責其間亦多興起感發之士一時趨向皆有可喜近來又復漸流空虛為脫落新奇之論使人聞之甚為足憂雖其人品高下若與終迷陋習者亦微有間然究其歸極相去能幾何哉

趨向同而論學或異不害其為同也論學同而趨向或異不害其為異也

君子之道夫婦之愚可以與知能行後之論學者忽近求遠舍易圖難遂使老師宿儒皆不敢輕

議非獨其庸下者自分以為不可為雖高明特
達皆以此學為長物視之為虛談贅說亦許時
矣當此之時茍有一念相尋於此者真所謂空
谷足音見似人者喜矣況其章逢而來者寧不
欣欣然以接之耶然要其間亦豈無濫竽假道
之弊但在我不可以此意逆之亦將於此以求
其真者耳正如淘金於沙非不知沙之汰而去
者且十九然亦未能即舍沙而別以淘金為也
學絕道喪之餘茍有興起向慕於是者皆可以為

同志不必銖稱寸度而求其盡合可也若在我之所以為造端立命者則不容有毫髮之或爽矣

古人之學切實為己不徒事於講說書札往來終不若面語之能盡且易使人溺情於文辭崇浮氣而長勝心求其說之無病而不知心病之已多矣此近世之通患賢知者不免焉不可以不察也

議論之際必須謙虛簡明為佳若自處過任而詞

意重復却恐無益有損
近來學者與人論學不肯虛心易氣商量是當只是求伸其說不知此已失却為學之本雖論何益又或在此徒聽說話不去切實體驗以求自得只逢人便講及講時又多參以意見影響比擬輕議儒先得失若此者正是立志未真工夫未精不自覺其粗心浮氣之發使聽者虛謙向學之意反為蔽塞所謂輕自大而反失之者也
用功習熟然後居山之說昔人嘗有此然亦須得

其源吾輩通患正如池面浮萍隨開隨蔽未論
江海但在活水浮萍即不能蔽何者活水有源
池水無源有源者由己無源者從物故凡不息
者有源作輟者皆無源故耳

凡後生美質須令晦養厚積天道不翕聚則不能
發散花之千葉者無實爲其華美太發露耳

近時同志亦已無不知有致良知之說然能於此
實用力者絶少皆緣見得良知未真又將致字
看太易了是以多未有得力處雖比往時支離

之說稍有頭緒然亦只是五十步百步之間耳就中亦有肯精心體究者不覺又轉入舊時窠臼中反爲文義所牽滯工夫不得恰悧此君子之道所以鮮也此事必須得師友時時講切自然意思日新

陽明先生則言上

陽明先生則言下

古之教者教以人倫後世記誦詞章之習起而先王之教亡今教童子惟當以孝弟忠信禮義廉恥爲專務其栽培涵養之方則宜誘之歌詩以發其志意導之習禮以肅其威儀諷之讀書以開其知覺今人往往以歌詩習禮爲不切時務此皆末俗庸鄙之見烏足以知古人立教之意哉大抵童子之情樂嬉遊而憚拘檢如草木之始萌芽舒暢之則條達摧撓之則衰痿今教童

子必使其趨向鼓舞中心喜悅則其進自不能已譬之時雨春風沾被卉木莫不萌動發越自然日長月化若氷霜剝落則生意蕭索日就枯槁矣故凡誘之歌詩者非但發其志意而已亦所以洩其跳號呼嘯於詠歌宣其幽抑結滯於音節也導之習禮者非但肅其威儀而已亦所以周旋揖讓而動盪其血脈拜起屈伸而固束其筋骸也諷之讀書者非但開其知覺而已亦所以沉潛反覆而存其心抑揚諷誦以宣其志

也凡此皆所以順導其志意調理其性情潛消其鄙吝默化其粗頑日使之漸於禮義而不苦其難入於中和而不知其故是蓋先王立教之微意也若近世之訓蒙稚者日惟督以句讀課倣責其檢束而不知導之以禮求其聰明而不知養之以善鞭撻繩縛若待拘囚彼視學舍如囹獄而不肯入視師長如寇仇而不欲見窺避掩覆以遂其嬉遊設詐飾詭以肆其頑鄙偷薄庸劣日趨下流是蓋驅之於惡而求其爲善也

何可得乎　右訓蒙大意

夫學莫先於立志志之不立猶不種其根而徒事培壅灌溉勞苦無成矣世之所以因循苟且隨俗習非而卒歸於汚下者凡以志之弗立也故程子曰有求爲聖人之志然後可與共學人苟誠有求爲聖人之志則必思聖人之所以爲聖人者安在非以其心之純乎天理而無人欲之私歟聖人之所以爲聖人惟以其心之純乎天理而無人欲則我之欲爲聖人亦惟在於此心

之純乎天理而無人欲耳欲此心之純乎天理而無人欲則必去人欲而存天理務去人欲而存天理則必求所以去人欲而存天理之方求所以去人欲而存天理之方則必正諸先覺考諸古訓而凡所謂學問之功者然後可得而講而亦有所不容已矣

夫所謂正諸先覺者既以其人爲先覺而師之矣則當專心致志惟先覺之爲聽言有不合不得棄置必從而思之思之不得又從而辯之務

求了釋不敢輙生疑惑故記曰師嚴然後道尊道尊然後民知敬學苟無尊崇篤信之心則必有輕忽慢易之意言之而聽之不審猶不聽也聽之而思之不愼猶不思也是則雖曰師之猶不師也

夫所謂考諸古訓者聖賢垂訓莫非教人去人欲而存天理之方若五經四書是已吾惟欲去吾之人欲存吾之天理而不得其方是以求之於此則其展卷之際眞如饑者之於食求飽而

已病者之於藥求愈而已瞎者之於燈求照而已跛者之於杖求行而已曾有徒事記誦講說以資口耳之弊哉

夫立志亦不易矣孔子聖人也猶曰吾十有五而志于學三十而立立者志立也雖至於不踰矩亦志之不踰矩也志豈可易而視哉夫志氣之帥也人之命也木之根也水之源也源不濬則流息根不植則木枯命不續則人死志不立則氣昏是以君子之學無時無處而不以立志為

事正目而視之無他見也傾耳而聽之無他聞也如猫捕鼠如鷄覆卵精神心思凝聚融結而不復知有其他然後此志常立神氣精明義理昭著一有私欲即便知覺自然容住不得矣故凡一毫私欲之萌只責此志不立即私欲便退聽一毫客氣之動只責此志不立即客氣便消除或怠心生責此志即不怠忽心生責此志即不忽懆心生責此志即不懆妬心生責此志即不妬忿心生責此志即不忿貪心生責此志即

不貪傲心生責此志即不傲吝心生責此志即不吝蓋無一息而非立志責志之時無一事而非立志責志之地故責志之功其去人欲有如烈火之燎毛太陽一出而魍魎潛消也自古聖賢因時立教雖若不同其用功大指無或少異書謂惟精惟一易謂敬以直內義以方外孔子謂格致誠正博文約禮曾子謂忠恕子思謂尊德性而道問學孟子謂集義養氣求其放心雖若人自爲說有不可强同者而求其要領歸宿

合若符契何者道一而已道同則心同心同則學同其卒不同者皆邪說也後世大患尤在無志故今以立志爲說中間字字句句莫非立志蓋終身問學之功只是立得志而已若以是說而合精一則字字句句皆精一之功以是說而合敬義則字字句句皆敬義之功其諸格致博約忠恕諸說無不脗合但能實心體之然後信予言之非妄也　右立志說

大學之要誠意而已矣誠意之功格物而已矣誠

意之極止至善而已矣止至善之則致知而已矣正心復其體也修身著其用也以言乎已謂之明德以言乎人謂之親民以言乎天地之間則備矣是故至善也者心之本體也動而後有不善而本體之知未嘗不知也意者其動也物者其事也致其本體之知而動無不善然非即其事而格之則亦無以致其知故致知者誠意之本也格物者致知之實也物格則知致意誠而有以復其本體是之謂止至善聖人懼人之

求之於外也而反覆其辭舊本析而聖人之意
亡矣是故不務於誠意而徒以格物者謂之支
不事於格物而徒以誠意者謂之虛不本於致
知而徒以格物誠意者謂之妄支與虛與妄其
於至善也遠矣合之以敬而益綴補之以傳而
益離吾懼學之日遠於至善也去分章而復舊
本傍爲之什以引其義庶幾復見聖人之心而
求之者有其要噫乃若致知則存乎心悟致知
焉盡矣

右大學古本序

大學者昔儒以爲大人之學矣敢問大人之學何以在於明明德乎陽明子曰大人者以天地萬物爲一體者也其視天下猶一家中國猶一人焉若夫間形骸而分爾我者小人矣大人之能以天地萬物爲一體也非外鑠也其心之仁本若是其與天地萬物而爲一也豈惟大人雖小人之心亦莫不然彼顧自小之耳是故見孺子之入井而必有怵惕惻隱之心焉是其仁之與孺子而爲一體也孺子猶同類者也見鳥獸之

哀鳴觳觫而必有不忍之心焉是其仁之與鳥獸而爲一體也鳥獸猶有知覺者也見草木之摧折而必有憫恤之心焉是其仁之與草木而爲一體也草木猶有生意者也見瓦石之毁壞而必有顧惜之心焉是其仁之與瓦石而爲一體也是其一體之仁也雖小人之心亦必有之是乃根於天命之性而自然靈昭不昧者也是故謂之明德小人之心既已分隔隘陋矣而其一體之仁猶能不昧若此者是其未動於欲而

未蔽於私之時也及其動於欲蔽於私而利害相攻忿怒相激則將戕物圮類無所不爲其甚至有骨肉相殘者而一體之仁亡矣是故苟無私欲之蔽則雖小人之心而其一體之仁猶大人也一有私欲之蔽則雖大人之心而其分隔隘陋猶小人矣故夫爲大人之學者亦惟去其私欲之蔽以自明其明德復其天地萬物一體之本然而已耳非能於本體之外而有所增益之也曰然則何以在親民乎曰明明德者立其

天地萬物一體之體也親民者達其天地萬物一體之用也故明明德必在於親民而親民乃所以明其明德也是故親吾之父以及人之父以及天下人之父而後吾之仁實與吾之父人之父與天下人之父而爲一體矣實與之爲一體而後孝之明德始明矣親吾之兄以及人之兄以及天下人之兄而後吾之仁實與吾之兄人之兄與天下人之兄而爲一體矣實與之爲一體而後弟之明德始明矣君臣也夫婦也朋

友也以至於山川鬼神鳥獸草木也莫不實有以親之以達吾一體之仁然後吾之明德始無不明而真能以天地萬物爲一體矣夫是之謂明明德於天下是之謂家齊國治而天下平是之謂盡性曰然則又烏在其爲止至善乎曰至善者明德親民之極則也天命之性粹然至善其靈昭不昧者皆其至善之發見是乃明德之本體而即所謂良知者也至善之發見是而是焉非而非焉輕重厚薄隨感隨地變動不居而

亦莫不自有天然之中是乃民彝物則之極而不容少有議擬增損於其間也少有議擬增損於其間則是私意小智而非至善之謂矣自非慎獨之至惟精惟一者其孰能與於此乎後之人惟其不知至善之在吾心而用其私智以揣摸測度於其外以爲事事物物各有定理也是以昧其是非之則支離決裂人欲肆而天理亡明德親民之學遂大亂於天下蓋昔之人固有欲明其明德者矣然惟不知止於至善而騖其

私心於過高是以失之虛罔空寂而無有乎家
國天下之施則二氏之流是矣固有欲親其民
者矣然惟不知止於至善而溺其私心於卑瑣
是以失之權謀智術而無有乎仁愛惻怛之誠
則五伯功利之徒是矣是不知止於至善之過
也故止至善之於明德親民也猶之規矩之於
方圓也尺度之於長短也權衡之於輕重也故
方圓而不止於規矩爽其則矣長短而不止於
尺度乖其劑矣輕重而不止於權衡失其準矣

明明德親民而不止於至善亡其本矣故止於至善以親民而明其明德是之謂大人之學曰知止而后有定定而后能靜靜而后能安安而后能慮慮而后能得其說何也曰人惟不知至善之在吾心而求之於其外以爲事事物物皆有定理也而求至善於事事物物之中是以支離決裂錯雜紛紜而莫知有一定之向今焉既知至善之在吾心而不假於外求則志有定向而無支離決裂錯雜紛紜之患矣無支離決

裂錯雜紛紜之患則心不妄動而能靜矣心不
妄動而能靜則其日用之間從容閑暇而能安
矣能安則凡一念之發一事之感其爲至善乎
其非至善乎吾心之良知自有以詳審精察之
而能慮矣能慮則擇之無不精處之無不當而
至善於是乎可得矣
曰物有本末先儒以明德爲本新民爲末兩物
而内外相對也事有終始先儒以知止爲始能
得爲終一事而首尾相因也如子之說以新民

爲親民則本末之說亦有所未然歟曰終始之說大畧是矣即以新民爲親民而曰明德爲本親民爲末其說亦未爲不可但不當分本末爲兩物耳夫木之榦謂之本木之梢謂之末惟其一物也是以謂之本末若曰兩物則既爲兩物矣又何可以言本末乎新民之意既與親民不同則明德之功自與新民爲二若知明明德以親其民而親民以明其明德則明德親民焉可以析而爲兩乎先儒之說是蓋不知明德親民

之本爲一事而認以爲兩事是以雖知本末之
當爲一物而亦不得不分爲兩物也
曰古之欲明明德於天下者以至於先脩其身
以吾子明德親民之說通之亦既可得而知矣
敢問欲脩其身以至於致知在格物其工夫次
第又何如其用力歟曰此正詳言明德親民止
至善之功也蓋身心意知物者是其工夫所用
之條理雖亦各有其所而其實只是一物格致
誠正脩者是其條理所用之工夫雖亦皆有其

名而其實只是一事何謂身心之形體運用之
謂也何謂心身之靈明主宰之謂也何謂脩身
爲善而去惡之謂也吾身自能爲善而去惡乎
必其靈明主宰者欲爲善而去惡然後其形體
運用者始能爲善而去惡也故欲脩其身者必
在於先正其心也然心之本體則性也性無不
善則心之本體本無不正也何從而用其正之
之功乎蓋心之本體本無不正自其意念發動
而後有不正故欲正其心者必就其意念之所

發而正之凡其發一念而善也好之真如好好色發一念而惡也惡之真如惡惡臭則意無不誠而心可正矣然意之所發有善有惡不有以明其善惡之分亦將真妄錯雜雖欲誠之不可得而誠矣故欲誠其意者必在於致知焉致者至也如云喪致乎哀之致易言知至至之知至者知也至之者致也致知云者非若後儒所謂充廣其知識之謂也致吾心之良知焉耳良知者孟子所謂是非之心人皆有之者是非之心

不待慮而知不待學而能是故謂之良知是乃天命之性吾心之本體自然靈昭明覺者也凡意念之發吾心之良知無有不自知者其善歟惟吾心之良知自知之其不善歟亦惟吾心之良知自知之是皆無所與於他人者也故雖小人之為不善既已無所不至然其見君子則必厭然揜其不善而著其善者是亦可以見其良知之有不容於自昧者也今欲別善惡以誠其意惟在致其良知之所知焉爾何則意念之發

吾心之良知既知其為善矣使其不能誠有以好之而復背而去之則是以善為惡而自昧其知善之良知矣意念之所發吾之良知既知其為不善矣使其不能誠有以惡之而復蹈而為之則是以惡為善而自昧其知惡之良知矣若是則雖曰知之猶不知也意其可得而誠乎今於良知所知之善惡者無不誠好而誠惡之則不自欺其良知而意可誠也已然欲致其良知亦豈影響恍惚而懸空無實之謂乎是必實有

其事矣故致知必在於格物物者事也凡意之發必有其事意所在之事謂之物格者正也正其不正以歸於正之謂也正其不正者去惡之謂也歸於正者為善之謂也夫是之謂格書言格于上下格于文祖格其非心格物之格實兼其義也良知所知之善雖誠欲好之矣苟不即其意之所在之物而實有以為之則是物有未格而好之之意猶為未誠也良知所知之惡雖誠欲惡之矣苟不即其意之所在之物而實有以

去之則是物有未格而惡之之意猶為未誠也今焉於其良知所知之善者即其意之所在之物而實為之無有乎不盡於其良知所知之惡者即其意之所在之物而實去之無有乎不盡然後物無不格而吾良知之所知者無有虧缺障蔽而得以極其至矣夫然後吾心快然無復餘憾而自謙矣夫然後意之所發者始無自欺而可以謂之誠矣故曰物格而后知至知至而后意誠意誠而后心正心正而后身脩蓋其功

夫條理雖有先後次序之可言而其體之惟一實無先後次序之可分其條理功夫雖無先後次序之可分而其用之惟精固有纖毫不可得而缺焉者此格致誠正之説所以闡堯舜之正傳而為孔氏之心印也右大學問

來教云見道固難而體道尤難道誠未易明而學誠不可不講恐未可安於所見而遂以為極則也幸甚幸甚何以得聞斯言乎其敢自以為極則而安之乎正思就天下之有道以講明之耳

夫德之不脩學之不講孔子以為憂而世之學者稍能傳習訓詁即皆自以爲知學不復有所謂講學之求可悲矣夫道必體而後見非已見道而後加體道之功也道必學而後明非外講學而復有所謂明道之事也然世之論學者有二有講之以身心者有講之以口耳者講之以口耳揣摸測度求之影響者也講之以身心行著習察實有諸已者也知此則知孔門之學矣來教謂某大學古本之復以人之為學但當求

之於內而程朱格物之說不免求之於外遂去朱子之分章而削其所補之傳非敢然也學豈有內外乎大學古本乃孔門相傳舊本耳朱子疑其有所脫誤而改正補緝之在某則謂其本無脫誤悉從其舊而已矣失在於過信孔子則有之非故去朱子之分章而削其傳也夫學貴得之心求之於心而非也雖其言之出於孔子不敢以為是也而況其未及孔子者乎求之於心而是也雖其言之出於庸常不敢以為非也

而況其出於孔子者乎且舊本之傳數千載矣
今讀其文辭既明白而可通論其功夫又易簡
而可入亦何所按據而斷其此段之必在於彼
彼段之必在於此與此之如何而缺彼之如何
而誤而遂改正補緝之無乃重於背朱而輕於
叛孔巳乎來教謂如必以學不資於外求但當
反觀内省以爲務則正心誠意四字亦何不盡
之有何必於入門之際便困以格物一段工夫
也誠然誠然若語其要則脩身二字亦足矣何

必又言正心正心二字亦足矣何必又言誠意誠意二字亦足矣何必又言致知又言格物惟其工夫之詳密而要之只是一事此所以為精一之學此正不可不思者也夫理無內外性無內外故學無內外講習討論未嘗非內也反觀內省未嘗遺外也夫謂學必資於外求是以已性為有外也是義外也用智者也謂反觀內省為求之於內是以已性為有內也是有我也自私者也是皆不知性之無內外也故曰精一義入

神以致用也利用安身以崇德也性之德也合內外之道也此可以知格物之學矣格物者大學之實下手處徹首徹尾自始學至聖人只此工夫而已非但入門之際有此一段也夫正心誠意致知格物皆所以脩身而格物者其所以用力日可見之地故格物者格其心之物也格其意之物也格其知之物也正心者正其物之心也誠意者誠其物之意也致知者致其物之知也此豈有內外彼此之分哉理一而已以其

理之凝聚而言則謂之性以其凝聚之主宰而言則謂之心以其主宰之發動而言則謂之意以其發動之明覺而言則謂之知以其明覺之感應而言則謂之物故就物而言謂之格就知而言謂之致就意而言謂之誠就心而言謂之正正者正此也誠者誠此也致者致此也格者格此也皆所謂窮理以盡性也天下無性外之理無性外之物學之不明皆由世之儒者認理為外認物為外而不知義外之說孟子蓋嘗闢

之乃至襲陷其內而不覺豈非亦有似是而難明者歟不可以不察也凡執事所以致疑於格物之說者必謂其是內而非外也必為其專事於反觀內省之為而遺棄其講習討論之功也必謂其一意於綱領本原之約而脫略於支條節目之詳也必謂其沉溺於枯槁虛寂之偏而不盡於物理人事之變也審如是豈但獲罪於聖門獲罪於朱子是邪說誣民叛道亂正人得而誅之也而況於執事之正直哉審如是世之

稍明訓詁聞先哲之緒論者皆知其非也而況執事之高明哉凡某之所謂格物其於朱子九條之説皆包羅統括於其中但為之有要作用不同正所謂毫釐之差耳然毫釐之差而千里之繆實起於此不可不辯孟子闢楊墨至於無父無君二子亦當時之賢者使與孟子並世而生未必不以為賢墨子兼愛行仁而過耳楊子為我行義而過耳此其為説亦豈滅理亂常之甚而足以眩天下哉而其流之弊孟子至比於

禽獸夷狄所謂以學術殺天下後世也今世學術之弊其謂之學仁而過者乎謂之學義而過者乎抑謂之學不仁不義而過者乎吾不知其於洪水猛獸何如也孟子云予豈好辯哉予不得已也楊墨之道塞天下孟子之時天下之尊信楊墨當不下於今日之崇尚朱說而孟子獨以一人呶呶於其間噫可哀矣韓氏云佛老之害甚於楊墨韓愈之賢不及孟子孟子不能救之於未壞之先而韓愈乃欲全之於已壞之後

其亦不量其力且見其身之危莫之救以死也
嗚呼若某者其尤不量其力果見其身之危莫
之救以死也矣夫衆方嘻嘻之中而獨出涕嗟
若舉世恬然以趨而獨疾首蹙額以為憂此其
非病狂喪心殆必誠有大苦者隱於其中而非
天下之至仁其孰能察之其為朱子晚年定論
蓋亦不得已而然中間年歲早晚誠有所未考
雖不必盡出於晚年固多出於晚年者矣然大
意在委曲調停以明此學為重平生於朱子之

說如神明著龜一旦與之背馳心誠有所未忍故不得已而爲此知我者謂我心憂不知我者謂我何求蓋不忍牴牾朱子者其本心也不得已而與之牴牾者道固如是不直則道不見也執事所謂決與朱子異者僕敢自欺其心哉夫道天下之公道也學天下之公學也非朱子可得而私也非孔子可得而私也天下之公也公言之而已矣故言之而是雖異於已乃益於已也言之而非雖同於已適損於已也益於已者

已必喜之損於已者已必惡之然則其今日之論雖或與朱子異未必非其所喜也君子之過如日月之食其更也人皆仰之而小人之過也必文其雖不肖固不敢以小人之心事朱子也執事所以教反覆數百言皆以未悉鄙人格物之說若鄙說一明則此數百言皆可以不待辯說而釋然無滯矣 右答格物書

率性之謂道誠者也脩道之謂教誠之者也故曰自誠明謂之性自明誠謂之教中庸為誠之者

而作脩道之事也道也者性也不可須臾離也而過焉不及焉離也是故君子有脩道之功戒慎乎其所不睹恐懼乎其所不聞微之顯誠之不可揜也脩道之功若是其無間誠之也夫然後喜怒哀樂之未發謂之中發而皆中節謂之和道脩而性復矣致中和則大本立而達道行知天地之化育矣非至誠盡性其孰能與於此哉是脩道之極功也而世之言脩道者離矣故特著其說 右修道說

理一而已矣心一而已矣故聖人無二教而學者
無二學博文以約禮格物以致其良知一也故
先後之說後儒支繆之見也夫禮也者天理也
天命之性具于吾心其渾然全體之中而條理
節目森然畢具是故謂之天理天理之條理謂
之禮是禮也其發見於外則有五常百行酬酢
變化語默動靜升降周旋隆殺厚薄之屬宣之
於言而成章措之於為而成行書之於冊而成
訓炳然蔚然其條理節目之繁至於不可窮詰

是皆所謂文也是文也者禮之見於外者也禮也者文之存於中者也文顯而可見之禮也禮微而難見之文也是所謂體用一源而顯微無間者也是故君子之學也於酬酢變化語默動靜之間而求盡其條理節目焉非他也求盡吾心之天理焉耳矣於升降周旋隆殺厚薄之間而求盡其條理節目焉非他也求盡吾心之天理焉耳矣求盡其條理節目焉者博文也求盡吾心之天理焉者約禮也文散于事而萬殊者

也故曰博禮根於心而一本者也故曰約博文
而非約之以禮則其文爲虚文而後世功利辭
章之學矣約禮而非博學於文則其禮爲虚禮
而佛老空寂之學矣是故約禮必在於博文而
博文乃所以約禮二之而分先後焉者是聖學
之不明而功利異端之説亂之也昔者顔子之
始學於夫子也蓋亦未知道之無方體形像也
而以爲有方體形像也未知道之無窮盡止極
也而以爲有窮盡止極也是猶後儒之見事事

物物皆有定理者也是以求之仰鑽瞻忽之間而莫得其所謂及聞夫子博約之訓既竭吾才以求之然後知天下之事雖千變萬化而皆不出於此心之一理然後知殊途而同歸百慮而一致然後知斯道之本無方體形像而不可以方體形像求之也本無窮盡止極而不可以窮盡止極求之也故曰雖欲從之末由也已蓋顏子至是而始有真實之見矣博文以約禮格物以致其良知也亦寧有二學乎哉

右博約說

經常道也其在於天謂之命其賦於人謂之性其主於身謂之心心也性也命也一也通人物達四海塞天地亘古今無有乎弗具無有乎弗同無有乎或變者也是常道也其應乎感也則爲惻隱爲羞惡爲辭讓爲是非其見於事也則爲父子之親爲君臣之義爲夫婦之別爲長幼之序爲朋友之信是惻隱也羞惡也辭讓也是非也是親也義也序也別也信也一也皆所謂心也性也命也通人物達四海塞天地亘古今無

有乎弗具無有乎弗同無有乎或變者也是常道也是常道也以言其陰陽消息之行焉則謂之易以言其綱紀政事之施焉則謂之書以言其歌詠性情之發焉則謂之詩以言其條理節文之著焉則謂之禮以言其欣喜和平之生焉則謂之樂以言其誠僞邪正之辯焉則謂之春秋是陰陽消息之行也以至於誠僞邪正之辨也一也皆所謂心也性也命也通人物達四海塞天地亘古今無有乎弗具無有乎弗同無有

乎或變者也夫是之謂六經六經者非他吾心
之常道也故易也者志吾心之陰陽消息者也
書也者志吾心之紀綱政事者也詩也者志吾
心之歌詠性情者也禮也者志吾心之條理節
文者也樂也者志吾心之欣喜和平者也春秋
也者志吾心之誠僞邪正者也君子之於六經
也求之吾心之陰陽消息而時行焉所以尊易
也求之吾心之紀綱政事而時施焉所以尊書
也求之吾心之歌詠性情而時發焉所以尊詩

也求之吾心之條理節文而時著焉所以尊禮也求之吾心之欣喜和平而時生焉所以尊樂也求之吾心之誠僞邪正而時辨焉所以尊春秋也蓋昔者聖人之扶人極憂後世而述六經也猶之富家者之父祖慮其產業庫藏之積其子孫者或至於遺忘散失卒困窮而無以自全也而記籍其家之所有以貽之使之世守其產業庫藏之積而享用焉以免於困窮之患故六經者吾心之記籍也而六經之實則具於吾心

猶之產業庫藏之實積種種色色具存於其家其記籍者特名狀數目而已而世之學者不知求六經之實於吾心而徒考索於影響之間牽制於文義之末硜硜然以為是六經矣是猶富家之子孫不務守視享用其產業庫藏之實積日遺忘散失至為窶人丐夫而猶囂囂然指其記籍曰斯吾產業庫藏之積也何以異於是嗚呼六經之學其不明於世非一朝一夕之故矣尚功利崇邪說是謂亂經習訓詁傳記誦沒溺

於淺聞小見以塗天下之耳目是謂侮經後淫辭競詭辯飾奸心盜行逐世壟斷而猶自以為通經是謂賊經若是者是并其所謂記籍者而割裂棄毀之矣寧復知所以爲尊經也乎

右尊經閣記

禮也者理也理也者性也性也者命也維天之命於穆不已而其在於人也謂之性其粲然而條理也謂之禮其純然而粹善也謂之仁其截然而裁制也謂之義其昭然而明覺也謂之知其

渾然於其性也則理一而已矣故仁也者禮之
體也義也者禮之宜也知也者禮之通也經禮
三百曲禮三千無一而非仁也無一而非性也
天敘天秩聖人何心焉蓋無一而非命也故克
已復禮則謂之仁窮理則盡性以至於命盡性
則動容周旋中禮矣後之言禮者吾惑焉紛紜
器數之爭而牽制刑名之末窮年矻矻弊精於
祝史之糟粕而忘其所謂經綸天下之大經立
天下之大本者禮云禮云玉帛云乎而人之不

仁也其如禮何哉故老莊之徒外禮以言性而謂禮爲道德之衰仁義之失旣已隨於空虛濟蕩而世儒之說復外性以求禮遂謂禮止於器制度數之間而議擬倣像於影響形迹以為天下之禮盡在是矣故凡先王之禮煙裳灰散而卒以煨燼於天下要亦未可專委罪於秦火者僭不自度嘗欲取禮記之所載揭其大經大本而疏其條理節目庶幾器道本末之一致又懼其德之弗任而時亦有所未及也間嘗爲之說

曰禮之於節文也猶規矩之於方圓也非方圓無以見規矩之用非節文則亦無從而睹所謂禮矣然方圓者規矩之所出而不可遂以方圓為規矩故執規矩以為方圓則方圓不可勝用舍規矩以為方圓而遂以方圓為之規矩則規矩之用息矣故規矩者無一定之方圓而方圓者有一定之規矩此學禮之要盛德者之所以動容周旋而中也宋儒朱仲晦氏慨禮經之蕪亂嘗欲考正而刪定之以儀禮為之經禮記為

之傳而其志竟亦弗就其後吳幼清氏因而為纂言亦不數數於朱說而於先後輕重之間固已多所發明二子之見其規條指畫則既出於漢儒矣其所謂觀其會通以行其典禮之原則尚恨吾生之晚而未及與聞之也雖然後聖而有作則無所容言矣後聖而未有作也則如纂言者固學禮者之箕裘筌蹄而可以小之乎

右禮記纂言序

夫聖人之學心學也學以求盡其心而已堯舜禹

之相授受曰人心惟危道心惟微惟精惟一允執厥中道心者率性之謂而未雜於人無聲無臭至微而顯誠之源也人心則雜於人而危矣偽之端矣見孺子之入井而惻隱率性之道也從而內交於其父母焉要譽於鄉黨焉則人心矣饑而食渴而飲率性之道也從而極滋味之美焉恣口腹之饕焉則人心矣惟一者一於道心也惟精者慮道心之不一而或二之以人心也道無不中一於道心而不息是謂允執厥中

矣一於道心則存之無不中而發之無不和是
故率是道心而發之於父子也無不親發之於
君臣也無不義發之於夫婦長幼朋友也無不
別無不序無不信是謂中節之和天下之達道
也故四海而皆準亘古今而不窮天下之人同
此心同此性同此達道也當是之時人皆君子
而比屋可封蓋教者惟以是為教而學者惟以
是為學也聖人既沒心學晦而人偽行功利訓
詁記誦辭章之徒紛沓而起支離決裂歲盛月

新相沿相龔各是其非人心日熾而不復知有道心之微間有覺其紕繆而略知反本求源者則又鬨然指爲禪學而群訾之嗚呼心學何由而復明乎夫禪之學與聖人之學其求盡其心也亦相去毫釐耳聖人之求盡其心也以天地萬物爲一體也吾之父子親矣而天下有未親者焉吾心未盡也吾之君臣義矣而天下有未義者焉吾心未盡也吾之夫婦別矣長幼序矣朋友信矣而天下有未別未序未信者焉吾心

未盡也吾之二家飽暖逸樂矣而天下有未飽暖逸樂者焉其能以親乎義乎别序信乎吾心未盡也故於是有紀綱政事之設焉有禮樂教化之施焉凡以裁成輔相成己成物而求盡吾心焉耳心盡而家以齊國以治天下以平故聖人之學不出乎盡心禪之學非不以心爲說然其意以爲是達道也者固吾之心也吾惟不昧吾心於其中則亦已矣而亦豈必屑屑於其外其外有未當也則亦豈必屑屑於其中斯亦共

所謂盡心者矣而不知已陷於自私自利之偏是以外人倫遺事物以之獨善或能之而要之不可以治家國天下蓋聖人之學無人已無内外一天地萬物以爲心而禪之學起於自私自利而未免於内外之分斯其所以爲異也今之爲心性之學者而果外人倫遺事物則誠所謂禪矣使其未嘗外人倫遺事物而專以存心養性爲事則固聖門精一之學也而可謂之禪乎哉世之學者承沿其舉業詞章之習以荒穢戕伐

其心既與聖人盡心之學相背而馳日騖日遠莫知其所柢極矣有以心性之説而招之來歸者則顧駭以為禪而反仇讐視之不亦大可哀乎夫不自知其為非而以非人者是舊習之為蔽而未可遽以為罪也有知其非者矣藐然視人之非而不以告人者自私者也既告之矣既知之矣而猶寘然不以自反者自棄者也吾越多豪傑之士其特然無所待而興者為不少矣而亦容有蔽於舊習者乎故吾因諸君之請而

特為一言之嗚呼吾豈特為吾越之士一言之而已乎　右山陰縣學記

諭及學無靜根感物易動處事多悔是三言者病亦相因惟學而別求靜根故感物而懼其易動感物而懼其易動是故處事而多悔也心無動靜者也其靜也者以言其體也其動也者以言其用也故君子之學無間於動靜其靜也常覺而未嘗無也故常應其動也常定而未嘗有也故常寂常應常寂動靜皆有事焉是之謂集義

集義故能無祗悔所謂動亦定靜亦定者也心一而已靜其體也而復求靜根焉是撓其體也動其用也而懼其易動焉是廢其用也故求靜之心即動也惡動之心非靜也是之謂動亦動靜亦動將迎起伏相尋於無窮矣故循理之謂靜從欲之謂動欲也者非必聲色貨利外誘也有心之私皆欲也故循理焉雖酬酢萬變皆靜也濂溪所謂主靜無欲之謂也是謂集義者也從欲焉雖心齋坐忘亦動也告子之強制正助

之謂也是外義者也　右荅靜根問

未發之中即良知也無前後內外而渾然一體者也有事無事可以言動靜而良知無分於有事無事也寂然感通可以言動靜而良知無分於寂然感通也動靜者所遇之時心之本體固無分於動靜也理無動者也動即為欲循理則雖酬酢萬變而未嘗動也從欲則雖槁心一念而未嘗靜也動中有靜靜中有動又何疑乎有事而感通固可以言動然而寂然者未嘗有增也

無事而寂然固可以言靜然而感通者未嘗有減也動而無動靜而無靜又何疑乎無前後內外而渾然一體則至誠有息之疑不待解矣未發在已發之中而已發之中未嘗別有未發者在已發在未發之中而未發之中未嘗別有已發者存是未嘗無動靜而不可以動靜分者也

周子靜極而動之說蓋其意從太極動而生陽靜而生陰說來太極生生之理妙用無息而常體不易太極之生生即陰陽之生生就其生生

之中指其妙用無息者而謂之動謂之陽之生非謂動而後生陽也就其生生之中指其常體不易者而謂之靜謂之陰之生非謂靜而後生陰也若果靜而後生陰動而後生陽則是陰陽動靜截然各自為一物矣陰陽一氣也一氣屈伸而為陰陽動靜一理也一理隱顯而為動靜春夏可以為陽為動而未嘗無陰與靜也秋冬可以為陰為靜而未嘗無陽與動也春夏此不息秋冬此不息皆可謂之陽謂之動也春夏此

常體秋冬此常體皆可謂之陰謂之靜也自元會運世歲月日時以至刻杪忽微莫不皆然所謂動靜無端陰陽無始在知道者默而識之非可以言語窮也觀書者若牽文泥句比擬倣像則所謂心從法華轉非是轉法華矣 右論動靜書

夫人者天地之心天地萬物本吾一體者也生民之困苦荼毒孰非疾痛之切於吾身者乎不知吾身之疾痛無是非之心者也是非之心不慮而知不學而能所謂良知也良知之在人心無

間於聖愚天下古今之所同也世之君子惟務致其良知則自能公是非同好惡視人猶己視國猶家而以天地萬物為一體求天下無治不可得矣古之人所以能見善不啻若己出見惡不啻若己入視民之飢溺猶己之飢溺而一夫不獲若己推而納諸溝中者非故為是而以蘄天下之信己也務致其良知求自慊而已矣堯舜三王之聖言而民莫不信者致其良知而言之也行而民莫不說者致其良知而行之也是

以其民熙熙皡皡殺之不怨利之不庸施及蠻貊而凡有血氣者莫不尊親為其良知之同也嗚呼聖人之治天下何其簡且易哉後世良知之學不明天下之人用其私智以相比軋是以人各有心而偏瑣僻陋之見狡偽陰邪之術至於不可勝說外假仁義之名而內以行其自私自利之實詭辭以阿俗矯行以干譽揜人之善而襲以為己長訐人之私而竊以為己直忿以相勝而猶謂之徇義險以相傾而猶謂之疾惡

妬賢忌能而猶自以為公是非恣情縱欲而猶自以為同好惡相陵相賊自其一家骨肉之親已不能無爾我勝負之意彼此藩籬之形而況於天下之大民物之衆又何能一體而視之斯亦無怪於紛紛籍籍而禍亂相尋於無窮矣僕誠賴天之靈偶有見於良知之學以為必由此而後天下可得而治是以每念斯民之陷溺則為之戚然痛心忘其身之不肖而思以此救之亦不自知其量者天下之人見其若是遂相與

非笑而詆斥之以為是病狂喪心之人耳嗚呼是奚足恤哉吾方疾痛之切體而暇計人之非笑乎人固有見其父子兄弟之墜溺於深淵者呼號匍匐踝跣顛頓扳懸崖壁而下拯之士之見者方相與揖讓談笑於其傍以為是棄其禮貌衣冠而呼號顛頓若此是病狂喪心者也故夫揖讓談笑於溺人之傍而不知救此惟行路之人無親戚骨肉之情者能之然已謂之無惻隱之心非人矣若夫在父子兄弟之愛者則固

未有不痛心疾首狂奔盡氣匍匐而拯之彼將陷溺之禍有不顧而況於病狂喪心之譏乎而又況於蘄人之信與不信乎嗚呼今之人雖謂僕為病狂喪心之人亦無不可矣天下之人心皆吾之心也天下之人猶有病狂者矣吾安得而非病狂乎猶有喪心者矣吾安得而非喪心乎昔者孔子之在當時有議其為諂者有譏其爲佞者有毀其未賢詆其為不知禮而侮之以爲東家丘者有嫉而沮之者有惡而欲殺之者

晨門荷蕢之徒皆當時之賢士且曰是知其不
可而為之者歟鄙哉硜硜乎莫己知也斯已而
已矣雖子路在升堂之列尚不能無疑於其所
見不悅於其所欲往而且以之為迂則當時之
不信夫子者豈特十之一二而已乎然而夫子
汲汲遑遑若求亡子於道路而不暇於煖席者
寧以蘄人之知我信我而已哉蓋其天地萬物
一體之仁疾痛迫切雖欲已之而自有所不容
已故其言曰吾非斯人之徒與而誰與欲潔其

身而亂大倫果哉末之難矣嗚呼此非誠以天地萬物為一體者孰能以知夫子之心乎若其遯世無悶樂天知命者則固無入而不自得道並行而不相悖也僕之不肖何敢以夫子之道爲己任顧其心亦已稍知疾痛之在身是以徬徨四顧相求其有助於我者相與講去其病耳今誠得豪傑同志之士扶持匡翼共明良知之學於天下使天下之人皆知自致其良知以相安相養去其自私自利之蔽一洗讒妬勝忿之

書以濟於大同則癥之在一病固將脫然以愈而終免於囊痰之患矣豈不快哉　右論一體書

世之高杭遁藏之士捐富貴輕利害棄爵祿決然長往而不顧者亦皆有之彼其或從好於外道詭異之說援情於詩酒山水技藝之樂又或奮發於意氣感激於憤悱牽溺於嗜好有待於物以相勝是以去彼取此而後能及其所之既倦意衡之替情遂事移則憂愁悲苦隨之而作果能捐富貴輕利害棄爵祿快然終身無入而不

自得已乎夫惟有道之士真有以見其良知之
昭明靈覺圓融洞徹廓然與太虛而同體太虛
之中何物不有而無一物能爲太虛之障礙蓋
吾良知之體本自聰明睿知本自寬裕溫柔本
自發強剛毅本自齋莊中正文理密察本自溥
博淵泉而時出之本無富貴之可慕本無貧賤
之可憂本無得喪之可欣戚愛憎之可取舍蓋
吾之耳而非良知則不能以聽矣又何有於聰
目而非良知則不能以視矣又何有於明心而

非良知則不能以思與覺矣又何有於睿知然
則又何有於寬裕溫柔乎又何有於發強剛毅
乎又何有於齋莊中正文理密察乎又何有於
溥博淵泉而時出之乎故凡慕富貴憂貧賤欣
戚得喪愛憎取舍之類皆足以蔽吾聰明睿知
之體而窒吾淵泉時出之用若此者如明目之
中而翳之以塵沙聰耳之中而塞之以木楔也
其疾痛鬱逆將必速去之爲快而何能忍於時
刻乎故凡有道之士其於慕富貴憂貧賤欣戚

得喪而取舍愛憎也若洗目中之塵而拔耳中之楔其於富貴貧賤得喪愛憎之相值若飄風浮靄之往來變化於太虛而太虛之體固常廓然其無礙也　右論良知書

有問於陽明子曰道有可見乎曰有有而未嘗有也然則無可見乎曰無無而未嘗無也曰然則何以爲見乎曰見而未嘗見也夫道不可言也強爲之言而益晦道無可見也妄爲之見而益遠夫有而未嘗有是真有也無而未嘗無是真

無也見而未嘗見是真見也子未觀於天乎謂天爲無可見則蒼蒼爾昭昭爾日月之代明四時之錯行未嘗無也謂天為有可見則即之而無所揞之而無定執之而無得未嘗有也夫天道也道天也風可捉也影可拾也道可見也曰然則吾終無所見乎古之人則亦終無所見乎曰神無方而道無體仁者見之謂之仁知者見之謂之知是有方體者也見之而未盡者也顏子則如有所立卓爾夫謂之如則非有也謂之

有則非無也是故雖欲從之末由也已故因顏氏之子爲庶幾也文王望道而未之見斯眞見也已曰然則吾何所用心乎曰淪於無者無所用其心者也蕩而無歸滯於有者用其心於無用者也勞而無功夫有無之間見與不見之妙非可以言求也而子顧切切焉吾又從而強言其不可見是以聾導聾也夫言飲者不可以爲醉見食者不可以爲飽子求其醉飽則盍飲食之子求其見也其惟人之所不見乎夫亦戒慎

乎其所不睹也已斯真睹也已斯求見之道也

已右見齋說

臣切見道路流傳之言以為遣使外夷遠迎佛教羣臣紛紛進諫皆斥而不納臣始聞不信既知其實然獨竊喜幸以為此乃　陛下聖智之開明善端之萌蘖羣臣之諫雖亦出於忠愛至情然而未能推原此念之所從起是乃為善之端作聖之本正當將順擴充遡流求源而乃狃於世儒崇正之說之爾紛爭力沮宜乎　陛下之

有所拂而不受忽而不省矣愚臣之見獨異於
是乃惟恐 陛下好佛之心有所未至耳誠使
好佛之心果已真切懇至不徒好其名而必務
得其實不但好其末而必務求其本則堯舜之
聖可至三代之盛可復矣豈非天下之幸 宗
社之福哉臣請為 陛下言其好佛之實 陛
下聰明聖知昔者青宮固已播傳四海即位以
來偶值多故未暇講求五帝三王神聖之道雖
或時遇經筵儒臣進說不過日襲故事就文敷

衍與談之間豈能遽有所開發　陛下聽之以
爲聖賢之道不過如此則亦有何可樂故漸移
志於騎射之能縱心於遊觀之樂蓋亦無所用
其聰明施其才力而偶託寄於此　陛下聰明
豈固遂安於是而不知此等皆無益有損之事
也哉馳逐困憊之餘夜氣清明之際固將厭倦
日生悔悟日切而左右前後又莫有以神聖之
道爲　陛下言者故遂遠思西方佛氏之教以
爲其道能使人清心絕欲求全性命以出離生

死又能慈悲普愛濟度群生去其苦惱而躋之
快樂今灾害日興盜賊日熾財力日竭天下之
民困苦已極使誠身得佛氏之道而拯救之豈
徒息精養氣保全性命豈徒一身之樂將天下
萬民之困苦亦可因是而蘇息故遂特降綸
音發幣遣使不憚數萬里之遥不愛數萬金之
費不惜數萬生靈之困斃不厭數年往返之遲
久遠迎學佛之徒是蓋思欲一洗舊習之非而
幡然於高明光大之業也 陛下試以臣言反

而思之　陛下之心豈不如此乎然則　聖知
之開明善端之萌蘖者亦豈過爲諛言以佞
陛下哉　陛下好佛之心誠至則臣請毋好其
名而務得其實毋好其末而務求其本誠欲得
其實而求其本則請毋求諸佛而求諸聖人毋
求諸外夷而求諸中國此又非臣之苟爲遊說
之談以誑　陛下臣又請得而備言之夫佛者
夷狄之聖人聖人者中國之佛也在彼夷狄則
可用佛氏之教以化導愚頑在我中國自當用

聖人之道以參贊化育猶行陸者必用車馬渡海者必用舟航今居中國而師佛教是猶以車馬渡海雖使造父爲御王良爲右非但不能利涉必且有沉溺之患夫車馬本致遠之具豈不利器乎然而用非其地則技無所施若謂佛氏之道雖不可以平治天下或亦可以脱離一身之生死雖不可以參贊化育而時亦可以導群品之嚚頑就此二説亦復不過得吾聖人之餘緒陛下不信則臣請比而論之臣亦切嘗學

佛最所尊信自謂悟得其蘊奧後乃竊見聖道
之大始遂棄置其說臣請毋言其短言其長者
夫西方之佛以釋迦爲最中國之聖人以堯舜
爲最臣請以釋迦與堯舜比而論之夫世之最
所崇慕釋迦者莫尚於脫離生死超然獨存於
世今佛氏之書具載始末謂釋迦住世說法四
十餘年壽八十二歲而沒則其壽亦誠可謂高
矣然舜年百有十歲堯年一百二十歲其壽比
之釋迦則又高也佛能慈悲施捨不惜頭目腦

髓以救人之急難則其仁愛及物亦誠可謂至
矣然必苦行於雪山奔走於道路而後能有所
濟若堯舜則端拱無為而天下各得其所惟克
明峻德以親九族則九族既睦平章百姓則百
姓昭明協和萬邦則黎民於變時雍極而至於
上下草木鳥獸無不咸若其仁愛及物比之釋
迦則又至也佛能方便說法開悟群迷戒人之
酒止人之殺去人之貪絶人之嗔其神通妙用
亦誠可謂大矣然必耳提面誨而後能若在堯

舜則光被四表格于上下其至誠所運自然不言而信不動而變無為而成蓋與天地合其德與日月合其明與四時合其序與鬼神合其吉凶其神化無方而妙用無體比之釋迦則又大也若乃詛呪變幻眩怪揑妖以欺惑愚冥是固佛氏之所深排極詆謂之外道邪魔正與佛道相反者不應好佛而乃好其所相反求佛而乃求其所排詆者也若以堯舜既沒必欲求之於彼則釋迦之亡亦已久矣若謂彼中學佛之徒

能傳釋迦之道則吾中國之大顛豈無人能傳堯舜之道者乎　陛下未之求耳試求大臣之中苟其能明堯舜之道者日日與之推求講究乃必有能明神聖之道致　陛下於堯舜之域者矣故臣以爲好佛之心誠至則請毋好其名而務得其實毋好其末而務求其本務得其實而求其本則請毋求諸佛而求諸聖人毋求諸夷狄而求諸中國者果非妄爲遊說之談以誑陛下者矣　陛下而果能以好佛之心而好

聖人以求釋迦之誠而求諸堯舜之道則不必
涉數萬里之遥而西方極樂只在目前則不必
糜數萬之費斃數萬之命歷數年之久而一塵
不動彈指之間可以立躋聖地神通妙用隨形
隨足此又非臣之謬爲大言以欺 陛下必欲
討究其説則皆鑿鑿可證之言孔子云我欲仁
斯仁至矣一日克己復禮而天下歸仁孟軻云
人皆可以為堯舜豈欺我哉 右諫迎佛疏
夫拔本塞源之論不明於天下則天下之學聖人

者將日繁日難斯人入於禽獸夷狄而猶自以
爲聖人之學吾之說雖或暫明於一時終將凍
解於西而冰堅於東霧釋於前而雲滃於後呶
呶焉危困以死而卒無救於天下之分毫也夫
聖人之心以天地萬物爲一體其視天下之人
無外內遠近凡有血氣皆其昆弟赤子之親莫
不欲安全而教養之以遂其萬物一體之念天
下之人心其始亦非有異於聖人也特其間於
有我之私隔於物欲之蔽大者以小通者以塞

人各有心至有視其父子兄弟如仇讐者聖人
有憂之是以推其天地萬物一體之仁以教天
下使之皆有以克其私去其蔽以復其心體之
同然其教之大端則堯舜禹之相授受所謂道
心惟微惟精惟一允執厥中而其節目則舜之
命契所謂父子有親君臣有義夫婦有別長幼
有序朋友有信五者而已唐虞三代之世教者
惟以此為教而學者惟以此為學當是之時人
無異見家無異習安此者謂之聖勉此者謂之

賢而背此者雖其啓明如朱亦謂之不肖下至閭井田野農工商賈之賤莫不皆有是學而惟以成其德行爲務何者無有聞見之雜記誦之煩辭章之靡濫功利之馳逐而但使之孝其親弟其長信其朋友以復其心體之同然是蓋性分之所固有而非有假於外者則人亦孰不能之乎學校之中惟以成德爲事而才能之異或有長於禮樂長於政教長於水土播植者則就其成德而因使益精其能於學校之中迨夫舉

德而任則使之終身居其職而不易用之者惟知同心一德以共安天下之民視才之稱否而不以崇卑爲輕重勞逸爲美惡效用者亦惟知同心一德以共安天下之民苟當其能則終身處於煩劇而不以爲勞安於卑瑣而不以為賤當是之時天下之人熙熙皥皥皆相視如一家之親其才質之下者則安其農工商賈之分各勤其業以相生相養而無有乎希高慕外之心其才能之異若皐夔稷契者則出而各效其能

若一家之務或營其衣食或通其有無或備其器用集謀并力以求遂其仰事俯育之願惟恐當其事者之或怠而重已之累也故稷勤其稼而不耻其不知教視契之善教即已之善教也夔司其樂而不耻於不明禮視夷之通禮即已之通禮也盖其心學純明而有以全其萬物一體之仁故其精神流貫志氣通達而無有乎人已之分物我之間譬之一人之身目視耳聽手持足行以濟一身之用目不耻其無聽而耳之

所涉目必營焉足不恥其無執而手之所探足
必前焉蓋其元氣充周血脉條暢是以痒疴呼
吸感觸神應有不言而喻之妙此聖人之學所
以至易至簡易知易從學易能而才易成者正
以大端惟在復心體之同然而知識技能非所
與論也三代之衰王道熄而霸術倡孔孟既沒
聖學晦而邪説横教者不復以此為教而學者
不復以此為學霸者之徒竊取先王之近似者
假之於外以内濟其私己之欲天下靡然宗之

聖人之道遂以蕪塞相倣相效日求所以富強之說傾詐之謀攻伐之計一切欺天罔人苟一時之得以獵取聲利之術若管商蘇張之屬者至不可名數既其久也鬬爭刼奪不勝其禍斯人淪於禽獸夷狄而霸術亦有所不能行矣世之儒者慨然悲傷蒐獵先聖王之典章法制而掇拾修補於煨燼之餘蓋其為心良亦欲以挽回先王之道聖學既遠霸術之傳積漬已深雖在賢知皆不免於習染其所以講明脩飾以求

宣暢光復於世者僅可以增霸者之藩籬而聖學之門墻遂不可復覩於是乎有訓詁之學而傳之以為名有誦記之學而言之以為博有詞章之學而後之以為麗若是者紛紛籍籍群起角立於天下又不知其幾家萬徑千蹊莫不知所適世之學者如入百戲之場讙謔跳踉騁奇鬬巧獻笑爭妍者四面而競出前瞻後盻應接不遑而耳目眩瞀精神恍惑日夜遨遊淹息其間如病狂喪心之人莫自知其家業之所歸時

君世主亦皆昏迷顛倒於其説而終身從事於無用之虚文莫自知其所謂間有覺其空疎謬妄支離牽滞而卓然自奮欲以見諸行事之實者極其所抵亦不過為富強功利五霸之事業而止聖人之學日遠日晦而功利之習愈趨愈下其間雖嘗瞽惑於佛老而佛老之説卒亦未能有以勝其功利之心雖又嘗折衷於群儒而群儒之論終亦未能有以破其功利之見蓋至於今功利之毒淪浹於人之心髓而習以成性

也幾千年矣相矜以知相軋以勢相爭以利相
高以技能相取以聲譽其出而仕也理錢穀者
則欲兼夫兵刑典禮樂者又欲與於銓軸處郡
縣則思藩臬之高居臺諫則望宰執之要故不
能其事則不得以兼其官不通其說則不可以
要其譽記誦之廣適以長其傲也知識之多適
以行其惡也聞見之博適以肆其辯也辭章之
富適以飾其僞也是以皋夔稷契所不能兼之
事而今之初學小生皆欲通其說究其術其稱

名借號未嘗不曰吾欲以共成天下之務而其
誠心實意之所在以為不如是則無以濟其私
而滿其欲也嗚呼以若是之積染以若是之心
志而又講之以若是之學術宜其聞吾聖人之
教而視之以為贅疣柄鑿則其以良知為未足
而謂聖人之學為無所用亦其勢有所必至矣
嗚呼士生斯世而尚何以求聖人之學乎尚何
以論聖人之學乎士生斯世而欲以為學者不
亦勞苦而繁難乎不亦拘滯而險艱乎嗚呼可

悲也已所幸天理之在人心終有所不可泯而良知之明萬古一日則其聞吾拔本塞源之論必有惻然而悲戚然而痛憤然而起沛然若決江河而有所不可禦禦者矣非夫豪傑之士無所待而興者吾誰與望乎

右拔本塞源論

陽明先生則言下終